Средиземноморско кулинарно пътешествие

100 РЕЦЕПТИ ЗА ИЗСЛЕДВАНЕ НА БОГАТИТЕ ВКУСОВЕ И ТРАДИЦИИ НА СРЕДИЗЕМНОМОРИЕТО

Виталий Чуков

Опровержение

Информацията, съдържаща се в тази електронна книга, има за цел да служи като изчерпателна колекция от стратегии, за които авторът на тази електронна книга е направил проучване. Обобщенията, стратегиите, съветите и триковете са само препоръка от автора и четенето на тази електронна книга няма да гарантира, че нечии резултати ще отразяват точно резултатите на автора. Авторът на електронната книга е положил всички разумни усилия да предостави актуална и точна информация за читателите на електронната книга. Авторът и неговите сътрудници няма да носят отговорност за неволни грешки или пропуски, които могат да бъдат открити. Материалът в електронната книга може да включва информация от трети страни. Материалите на трети страни се състоят от мнения, изразени от техните собственици. Като такъв, авторът на електронната книга не поема отговорност за материали или мнения на трети страни. Дали поради развитието на интернет или непредвидените промени в политиката на компанията и насоките за редакционно представяне, това, което е заявено като факт по време на писането на това писмо, може да стане остаряло или неприложимо по-късно.

СЪДЪРЖАНИЕ

ВЪВЕДЕНИЕ

Добре дошли в „Средиземноморско кулинарно пътешествие". Средиземноморският регион, със своите спиращи дъха пейзажи и разнообразни култури, отдавна е известен със своята жизнена кухня, която отразява същността на самия живот. Тази готварска книга е покана да се потопите във вкусовете, цветовете и историите, които са оформили кулинарния гоблен на този вечен регион.

От бреговете на Гърция до хълмовете на Италия, от пазарите на Мароко до лозята на Испания, всяко кътче на Средиземно море предлага уникално и очарователно кулинарно изживяване. На тези страници ще откриете внимателно подбрана колекция от рецепти, които отдават почит на изобилието на региона от свежи продукти, ароматни билки и смели подправки. Независимо дали пресъздавате традиционно семейно ястие или се впускате в ново кулинарно приключение, тези рецепти улавят сърцето и душата на средиземноморската кухня.

Пригответе се да бъдете вдъхновени от простотата и елегантността, които определят средиземноморската кухня. Нашето съвместно пътуване ще включва смесица от морски дарове, ароматни маслинови масла, целунати от слънцето зеленчуци и възхитителните мелодии на смях около масата. Докато се задълбочавате в рецептите, вие не само ще овладеете техники, но и ще култивирате признателност за радостта от събирането, споделянето и наслаждаването на удоволствията от живота.

СРЕДИЗЕМНОМОРСКИ МЕЗЕТА

1. Хрупкави пърленки със скариди

Порции 6

съставки :

- $\frac{1}{2}$ килограма малки скариди, обелени
- $1\frac{1}{2}$ чаши нахутено или обикновено брашно
- 1 супена лъжица наситнен пресен плосък магданоз
- 3 лука, бялата част и малко от нежните зелени върхове, нарязани на ситно
- $\frac{1}{2}$ чаена лъжичка сладък пипер/пимент
- Сол
- Зехтин за дълбоко пържене

Насоки :

a) Сварете скаридите в тенджера с достатъчно вода, за да ги покрие, и ги оставете да заврат на силен огън.

b) В купа или кухненски робот смесете брашното, магданоза, лука и пиментона, за да приготвите тестото. Добавете охладената вода от варенето и щипка сол.

c) Смесете или обработете, докато получите текстура, която е малко по-дебела от тестото за палачинки. Охладете за 1 час след като покриете.

d) Извадете скаридите от хладилника и ги нарежете на ситно. Смляното кафе трябва да е с размера на парчетата.

e) Извадете тестото от хладилника и разбъркайте скаридите.

f) В тежък тиган за сотиране изсипете зехтина на дълбочина около 1 инч и го загрейте на силен огън, докато практически започне да пуши.

g) За всяка пърженка изсипете 1 супена лъжица тесто в олиото и изравнете тестото с гърба на лъжица в кръг с диаметър 3 1/2 инча.

h) Пържете за около 1 минута от всяка страна, като завъртите веднъж или докато пърженките станат златисти и хрупкави.

i) Извадете пърженките с помощта на решетъчна лъжица и ги наредете върху огнеупорен съд.

j) Сервирайте веднага.

2. Пълнени домати

съставки :

- 8 малки домата или 3 големи
- 4 твърдо сварени яйца, охладени и обелени
- 6 супени лъжици айоли или майонеза
- Сол и черен пипер
- 1 супена лъжица магданоз, наситнен
- 1 супена лъжица бяла галета, ако използвате големи домати

Насоки :

a) Потопете доматите в леген с ледена или изключително студена вода, след като ги обелите в тиган с вряща вода за 10 секунди.

b) Отрежете върховете на доматите. С помощта на чаена лъжичка или малък остър нож изстържете семената и вътрешностите.

c) Пасирайте яйцата с айоли (или майонеза, ако използвате), сол, черен пипер и магданоз в купа за смесване.

d) Напълнете доматите с плънката, като ги притиснете силно. Сменете капаците под бърз ъгъл върху малките домати.

e) Напълнете доматите до горе, като притискате силно, докато се изравнят. Охладете за 1 час, преди да нарежете на кръгчета с помощта на остър нож.

f) Гарнирайте с магданоз .

3. Солени пържени от треска с айоли

Порции 6

съставки :

- 1 lb солена треска , накисната
- 3 1/2 унции сушени бели галета
- 1/4 lb брашнени картофи
- Зехтин, за плитко пържене
- 1/4 чаши мляко
- Резенчета лимон и листа от салата, за сервиране
- 6 глави пресен лук, нарязани на ситно
- Айоли

Насоки :

a) В тиган с леко подсолена вряща вода сварете необелените картофи за около 20 минути или докато омекнат. Изцедете.

b) Обелете картофите веднага щом са достатъчно студени, за да се справят с тях, след което ги намачкайте с вилица или преса за картофи.

c) В тенджера смесете млякото, половината от пресния лук и оставете да къкри. Добавете накиснатата треска и поширайте за 10-15 минути, или докато лесно се разслои. Извадете треската от тигана и я накълцайте в купа с вилица, като премахнете костите и кожата.

d) Сложете 4 супени лъжици картофено пюре с треската и смесете с дървена лъжица.

e) Работете със зехтина, след което постепенно добавете останалото картофено пюре. Смесете останалите пресен лук и магданоз в купа за смесване.

f) На вкус се подправя с лимонов сок и черен пипер.

g) В отделна купа разбийте едно яйце, докато се смеси добре, след което охладете до твърдо състояние.

h) Охладената рибна смес разточете на 12-18 топки, след което леко сплескайте на малки кръгли питки.

i) Всяка първо се набрашнява, след което се потапя в останалото разбито яйце и се завършва със суха галета.

j) Приберете в хладилник до готовност за пържене.

k) В голям, тежък тиган загрейте около 3/4 инча масло. Гответе пърженките за около 4 минути на средно силен огън.

l) Обърнете ги и гответе още 4 минути или докато станат хрупкави и златисти от другата страна.

m) Отцедете върху хартиени кърпи, преди да сервирате с айоли, резенчета лимон и листа от салата.

4. Крокети от скариди

Прави около 36 единици

съставки :

- 3 1/2 унция масло
- 4 унции обикновено брашно
- 1 1/4 пинта студено мляко
- Сол и черен пипер
- 14 унции варени обелени скариди, нарязани на кубчета
- 2 чаени лъжички доматено пюре
- 5 или 6 супени лъжици фини галета
- 2 големи яйца, разбити
- Зехтин за дълбоко пържене

Насоки :

a) В средно голяма тенджера разтопете маслото и добавете брашното, като бъркате непрекъснато.

b) Бавно налейте охладеното мляко, като бъркате непрекъснато, докато получите гъст, гладък сос.

c) Добавете скаридите, подправете обилно със сол и черен пипер, след това разбийте доматеното пюре. Гответе още 7 до 8 минути.

d) Вземете една оскъдна супена лъжица от **съставките** и я навийте на крокети с цилиндър от 1 1/2 - 2 инча.

e) Оваляйте крокетите в галетата, след това в разбитото яйце и накрая в галетата.

f) В голям тиган с дебело дъно загрейте олиото за дълбоко пържене, докато достигне 350°F или кубче хляб стане златисто кафяво за 20-30 секунди.

g) Пържете за около 5 минути на партиди от не повече от 3 или 4 до златисто кафяво.

h) С помощта на решетъчна лъжица извадете пилето, отцедете върху кухненска хартия и сервирайте веднага.

5. C risp картофи с подправки

Обслужвания: 4

съставки :

- 3 супени лъжици зехтин
- 4 червени картофа, обелени и на кубчета
- 2 супени лъжици смлян лук
- 2 скилидки чесън, смлени
- Сол и прясно смлян черен пипер
- 1 1/2 супени лъжици испански червен пипер
- 1/4 чаена лъжичка сос Табаско
- 1/4 чаена лъжичка смляна мащерка
- 1/2 чаша кетчуп
- 1/2 чаша майонеза
- Нарязан магданоз, за украса
- 1 чаша зехтин, за пържене

Насоки :

Сос Брава:

a) Загрейте 3 супени лъжици зехтин в тенджера на среден огън. Запържете лука и чесъна, докато лукът омекне.

b) Отстранете тигана от котлона и разбийте червения пипер, соса Табаско и мащерката.

c) В купа за смесване смесете кетчупа и майонезата.

d) На вкус се подправя със сол и черен пипер. Премахнете от уравнението.

Картофите:

e) Леко овкусете картофите със сол и черен пипер.

f) Запържете картофите в 1 чаша (8 течни унции) зехтин в голям тиган до златисто кафяво и се сварят, като разбърквате от време на време.

g) Отцедете картофите върху хартиени кърпи, опитайте ги и подправете с допълнителна сол, ако е необходимо.

h) За да запазите картофите хрупкави, смесете ги със соса непосредствено преди сервиране.

i) Сервирайте топли, гарнирани с насиснен магданоз.

6. S скарида гамбас

Порции 6

съставки :

- 1/2 чаша зехтин
- Сок от 1 лимон
- 2 супени лъжици морска сол
- 24 средно големи скариди , в черупката с непокътнати глави

Насоки :

a) В купа за смесване смесете зехтина, лимоновия сок и солта и разбийте, докато се смесят напълно. За да покриете леко скаридите, потопете ги в сместа за няколко секунди.

b) В сух тиган загрейте олиото на силен огън. Работейки на партиди, добавете скаридите на един слой, без да претъпквате тигана, когато е много горещ. 1 минута запържване

c) Намалете топлината до средна и гответе още една минута. Увеличете топлината до висока степен и запържете скаридите за още 2 минути или докато станат златисти.

d) Дръжте скаридите топли в слаба фурна върху огнеупорна плоча.

e) Сварете останалите скариди по същия начин.

7. Винегрет от миди

Порции: Прави 30 тапас

съставки :

- 2 1/2 дузина миди, изтъркани и отстранени бради Настъргана маруля
- 2 супени лъжици смлян зелен лук
- 2 супени лъжици смлян зелен пипер
- 2 супени лъжици смлян червен пипер
- 1 супена лъжица нарязан магданоз
- 4 супени лъжици зехтин
- 2 супени лъжици оцет или лимонов сок
- Стрипка сос от червен пипер
- Сол на вкус

Насоки :

a) Отворете мидите на пара.

b) Поставете ги в голяма тенджера с вода. Покрийте и гответе на силен огън, като разбърквате тигана от време на време, докато черупките се отворят.

Махнете мидите от огъня и изхвърлете тези, които не се отварят.

c) Мидите могат да се затоплят и в микровълнова, за да се отворят. Загрейте ги в микровълнова фурна за една минута на максимална мощност в подходяща за микровълнова купа, частично покрита.

d) Микровълнова за още една минута след разбъркване. Отстранете мидите, които са се отворили, и гответе още една минута в микровълновата. Отстранете още веднъж тези, които са отворени.

e) Отстранете и изхвърлете празните черупки, след като са достатъчно студени, за да се справят.

f) Върху поднос за сервиране поставете миди върху легло от настъргана маруля непосредствено преди сервиране.

g) Комбинирайте лука, зелените и червените чушки, магданоза, олиото и оцета в съд за смесване.

h) Сол и сос от червен пипер на вкус. Напълнете черупките на мидите до половината със сместа.

8. Пълнени чушки с ориз

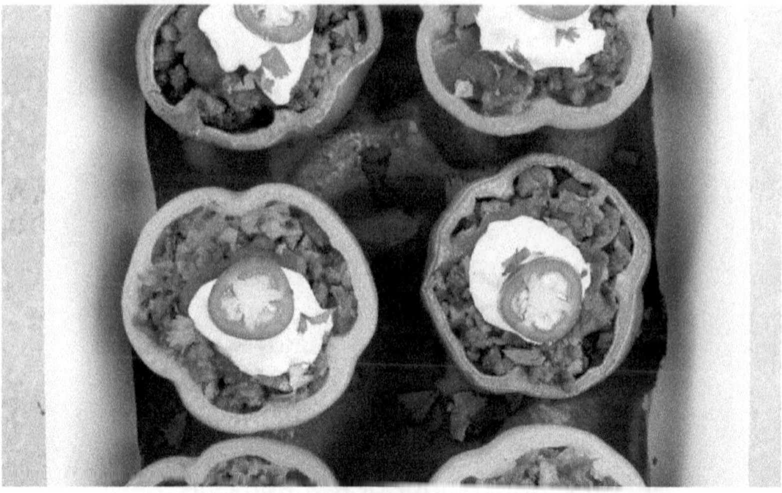

Порции: 4

съставки :

- 1 lb 2 oz късозърнест испански ориз, като Bomba или Calaspara
- 2-3 супени лъжици зехтин
- 4 големи червени чушки
- 1 малка червена чушка, накълцана
- 1/2 глава лук, наситнена
- 1/2 домат, обелен и нарязан
- 5 унции смляно/нарязано свинско месо или 3 унции солена треска
- Шафран
- Нарязан пресен магданоз
- Сол

Насоки :

a) Изстържете вътрешните мембрани с чаена лъжичка, след като отрежете краищата на стъблото на чушките и ги запазите като капаци, за да ги поставите отново по-късно.

b) Загрейте олиото и леко задушете червения пипер, докато омекне.

c) Запържете лука до омекване, след това добавете месото и леко го запържете, добавете домата след няколко минути, след това добавете сварения пипер, суровия ориз, шафрана и магданоза. Подправете със сол на вкус.

d) Внимателно напълнете чушките и ги наредете настрани върху огнеупорен съд, като внимавате плънката да не се разлее.

e) Печете ястието в силно загрята фурна за около 1 1/2 час, захлупено.

f) Оризът се сварява в течността от доматите и чушките.

9. Калмари с масло от розмарин и лют червен пипер

Порции: 4

съставки :

- Екстра върджин зехтин
- 1 връзка пресен розмарин
- 2 цели червени люти чушки, почистени от семките и нарязани на ситно 150 мл сметана
- 3 жълтъка
- 2 супени лъжици настърган пармезан
- 2 супени лъжици обикновено брашно
- Сол и прясно смлян черен пипер
- 1 скилидка чесън, обелена и счукана
- 1 чаена лъжичка сух риган
- Растително масло за дълбоко пържене
- 6 Калмари, почистени и нарязани на кръгчета
- Сол

Насоки :

a) За да направите дресинга, загрейте зехтина в малка тенджера и разбъркайте розмарина и чилито. Премахнете от уравнението.

b) В голяма купа разбийте сметаната, жълтъците, пармезана, брашното, чесъна и ригана. Блендирайте, докато тестото стане гладко. Подправете с черен пипер, прясно смлян.

c) Загрейте предварително олиото до 200°C за дълбоко пържене или докато кубче хляб покафенее за 30 секунди.

d) Потопете кръгчетата калмари едно по едно в тестото и внимателно ги поставете в олиото. Гответе до златисто кафяво, около 2-3 минути.

e) Отцедете върху кухненска хартия и сервирайте веднага с дресинга. При необходимост се подправя със сол.

10. Салата Тортелини

Порции: 8

съставки :

- 1 пакет тортелини с трицветно сирене
- $\frac{1}{2}$ чаша нарязани на кубчета пеперони
- $\frac{1}{4}$ чаша нарязан лук
- 1 нарязана на кубчета зелена чушка
- 1 чаша разполовени чери домати
- $1\frac{1}{4}$ чаши нарязани маслини каламата
- $\frac{3}{4}$ чаша нарязани мариновани сърца от артишок 6 унции. сирене моцарела на кубчета 1/3 чаша италиански дресинг

Насоки :

a) Сварете тортелините според **указанията на опаковката** , след което ги отцедете.

b) Хвърлете тортелините с останалите **съставки** , с изключение на дресинга, в голяма купа за смесване.

c) Полейте отгоре дресинга.

d) Оставете настрана за 2 часа, за да се охлади.

11. Салата с паста Капрезе

Порции: 8

съставки :

- 2 чаши варени макаронени изделия пене
- 1 чаша песто
- 2 нарязани домата
- 1 чаша нарязано на кубчета сирене моцарела
- Сол и черен пипер на вкус
- 1/8 чаена лъжичка риган
- 2 супени лъжици червен винен оцет

Насоки :

a) Сварете пастата според **указанията на опаковката** , което трябва да отнеме около 12 минути. Изцедете.

b) В голяма купа за смесване комбинирайте пастата, пестото, доматите и сиренето; подправете със сол, черен пипер и риган.

c) Отгоре се полива с червен винен оцет.

d) Оставете за 1 час в хладилника.

12. Балсамови Брускети

Порции: 8

съставки :

- 1 чаша обезсърчени и нарязани на кубчета ромски домати
- $\frac{1}{4}$ чаша нарязан босилек
- $\frac{1}{2}$ чаша настъргано сирене пекорино
- 1 смляна скилидка чесън
- 1 супена лъжица балсамов оцет
- 1 чаена лъжичка зехтин
- Сол и черен пипер на вкус - внимавайте, тъй като сиренето само по себе си е малко солено.
- 1 нарязано парче френски хляб
- 3 супени лъжици зехтин
- $\frac{1}{4}$ чаени лъжички чесън на прах
- $\frac{1}{4}$ чаена лъжичка босилек

Насоки :

a) В съд за смесване смесете доматите, босилека, сиренето пекорино и чесъна.

b) В малка купа за смесване разбийте заедно оцета и 1 супена лъжица зехтин; остави настрана. в) Поръсете филийките хляб със зехтин, чесън на прах и босилек.

c) Поставете върху тава за печене и препечете за 5 минути на 350 градуса.

d) Извадете от фурната. След това добавете сместа от домати и сирене отгоре.

e) Ако е необходимо, подправете със сол и черен пипер.

f) Сервирайте веднага.

13. Топки за пица

Порции: 10

съставки :

- 1 lb. натрошен колбас
- 2 чаши микс Bisquick
- 1 нарязан лук
- 3 смлени скилидки чесън
- $\frac{3}{4}$ чаени лъжички италианска подправка
- 2 чаши настъргано сирене моцарела
- 1 $\frac{1}{2}$ чаши сос за пица - разделени
- $\frac{1}{4}$ чаша сирене пармезан

Насоки :

a) Загрейте фурната до 400 градуса по Фаренхайт.

b) Подгответе лист за печене, като го напръскате с незалепващ спрей за готвене.

c) Смесете наденицата, сместа за бисквики, лука, чесъна, италианската подправка, сиренето моцарела и 12 чаши сос за пица заедно в купа за смесване.

d) След това добавете достатъчно вода, за да стане готова за работа.

e) Разточете тестото на 1-инчови топки.

f) Поръсете пармезана върху топките за пица.

g) След това поставете топките върху тавата, която сте подготвили.

h) Загрейте фурната до 350°F и печете 20 минути.

i) Сервирайте с останалия сос за пица отстрани за потапяне.

14. Хапки от миди и прошуто

Порции: 8

съставки :

- $\frac{1}{2}$ чаша тънко нарязано прошуто
- 3 супени лъжици крема сирене
- 1 lb миди
- 3 супени лъжици зехтин
- 3 смлени скилидки чесън
- 3 супени лъжици сирене пармезан
- Сол и черен пипер на вкус – внимавайте, тъй като прошутото ще е солено

Насоки :

a) Нанесете малко покритие от крема сирене върху всеки резен прошуто.

b) След това увийте парче прошуто около всяка мида и я закрепете с клечка за зъби.

c) В тиган загрейте зехтина.

d) Гответе чесъна за 2 минути в тиган.

e) Добавете мидите, увити във фолио, и гответе по 2 минути от всяка страна.

f) Отгоре се разпределя пармезан.

g) Добавете сол и черен пипер на вкус по желание.

h) Изцедете излишната течност с хартиена кърпа.

15. Патладжани с мед

Порции : 2

съставки :

- 3 супени лъжици мед
- 3 патладжана
- 2 чаши мляко
- 1 супена лъжица сол
- 1 супена лъжица черен пипер
- 100 г брашно
- 4 супени лъжици зехтин

Насоки :

a) Нарежете на ситно патладжана.

b) В съд за смесване смесете патладжаните. Налейте мляко в легена, колкото да покрие напълно патладжаните. Подправете с щипка сол.

c) Оставя се поне час да кисне.

d) Извадете патладжаните от млякото и ги оставете настрана. С брашно намажете всяка филия. Покрийте със смес от сол и черен пипер.

e) В тиган загрейте зехтина. Изпържете филиите патладжан на 180 градуса.

f) Поставете пържените патладжани върху хартиени кърпи, за да поемат излишната мазнина.

g) Залейте патладжаните с мед.

h) Сервирайте.

16. Наденица, варена в сайдер

Порции : 3

съставки :

- 2 чаши ябълков сайдер
- 8 колбаса чоризо
- 1 супена лъжица зехтин

Насоки :

a) Нарежете чоризото на тънки филийки.

b) В тиган загрейте олиото. Загрейте фурната на средна степен.

c) Хвърлете в чоризото. Пържете до промяна на цвета на храната.

d) Налейте сайдера. Гответе 10 минути или докато сосът малко се сгъсти.

e) Към това ястие трябва да се сервира хляб.

f) Наслади се!!!

17. Италиански пилешки сладкиши

Порции : 8 връзки

Съставка

- 1 кутия Полумесец ролки (8 ролки)
- 1 чаша Нарязано, варено пиле
- 1 супена лъжица Сос за спагети
- $\frac{1}{2}$ чаена лъжичка Смлян чесън
- 1 супена лъжица Сирене моцарела

Насоки :

a) Загрейте фурната до 350 градуса по Фаренхайт. Комбинирайте пилето, соса и чесъна в тиган и гответе, докато се затопли.

b) Триъгълници, направени от отделни рулца с полумесец. Разпределете пилешката смес в центъра на всеки триъгълник.

c) По желание разпределете сиренето по подобен начин.

d) Защипете страните на рулото заедно и увийте около пилето.

e) Печете върху камък за печене за 15 минути или до златисто.

18. Испански телешки кебап

Порции : 4 порции

Съставка

- $\frac{1}{2}$ чаша портокалов сок
- $\frac{1}{4}$ чаша Доматен сок
- 2 чаени лъжички Зехтин
- $1\frac{1}{2}$ чаена лъжичка Лимонов сок
- 1 ч.л Или е gano, изсушено
- $\frac{1}{2}$ чаена лъжичка червен пипер
- $\frac{1}{2}$ чаена лъжичка Кимион, смлян
- $\frac{1}{4}$ чаена лъжичка Сол
- $\frac{1}{4}$ чаена лъжичка Пипер, черен
- 10 унции Обезкостено постно говеждо месо; нарязани на 2" кубчета
- 1 среден Червен лук; нарязани на 8 клина
- 8 всеки Чери домати

Насоки :

a) За да направите марината, комбинирайте портокалов и доматен сок, олио, лимонов сок, риган, червен пипер, кимион, сол и черен пипер в пластмасова торбичка с размер галон, която може да се запечата.

b) Добавете кубчетата месо; запечатайте торбата, като изтласкате въздуха; завъртете, за да покриете говеждото.

c) Охладете за поне 2 часа или за една нощ, като от време на време разбърквате торбата. С незалепващ спрей за готвене намажете скарата.

d) Поставете скарата на 5 инча от въглищата. Следвайте инструкциите на производителя за печене на скара.

e) Отцедете пържолата и оставете марината настрана.

f) С помощта на 4 метални или напоени бамбукови шишчета нанижете равни количества говеждо месо, лук и домати.

g) Печете шишчетата на скара за 15-20 минути или докато станат по ваш вкус, като ги въртите и мажете често със запазената марината.

19. Хрупкава италианска смес от пуканки

Порции : 10 порции

Съставка

- 10 чаши Пукани пуканки; 3,5 унции, микровълнова чанта е това количество
- 3 чаши Царевични закуски във формата на стеклярус
- $\frac{1}{4}$ чаша Маргарин или масло
- 1 ч.л италианска подправка
- $\frac{1}{2}$ чаена лъжичка Чесън на прах
- ⅓ чаша сирене пармезан

Насоки :

a) В голяма купа за микровълнова фурна комбинирайте пуканки и царевична закуска. В 1 чаша микробезопасна мярка комбинирайте останалите **съставки** , с изключение на сиренето.

b) Микровълнова за 1 минута на ВИСОКА или докато маргаринът се разтопи; разбъркайте. Отгоре се изсипва сместа за пуканки.

c) Хвърлете, докато всичко се покрие еднакво. Печете в микровълнова фурна без капак за 2-4 минути, докато се препече, като разбърквате всяка минута. Отгоре трябва да се поръси пармезан.

d) Сервирайте горещ.

20. Аранчини топчета

Прави 18

съставки

- 2 супени лъжици зехтин
- 15 г несолено масло
- 1 глава лук, нарязана на ситно
- 1 голяма скилидка чесън, смачкана
- 350 г ориз за ризото
- 150 мл сухо бяло вино
- 1,2 л горещ пилешки или зеленчуков бульон
- 150 г пармезан, ситно настърган
- 1 лимон с фина кора
- 150 г топка моцарела, нарязана на 18 малки парчета
- растително масло, за дълбоко пържене

За покритието

- 150 г обикновено брашно
- 3 големи яйца, леко разбити

- 150 г фини сушени галета

Насоки :

a) В тенджера загрейте олиото и маслото, докато станат на пяна. Добавете лука и щипка сол и гответе за 15 минути, или докато омекне и стане прозрачен, на слаб огън.

b) Гответе още минута след добавяне на чесъна.

c) Добавете ориза и оставете да къкри още минута, преди да добавите виното. Оставете течността да заври и гответе, докато се редуцира наполовина.

d) Налейте половината бульон и продължете да бъркате, докато поеме по-голямата част от течността.

e) Докато оризът поеме течността, добавете останалия бульон черпак по черпак, като бъркате непрекъснато, докато оризът се свари.

f) Добавете пармезана и лимоновата кора и подправете със сол и черен пипер на вкус. Поставете ризотото в поднос и оставете настрана да се охлади до стайна температура.

g) Охладеното ризото разделете на 18 равни части, всяка с размерите на топка за голф.

h) В дланта си сплескайте топка ризото и поставете парче моцарела в центъра, след това увийте сиренето в ориза и го оформете на топка.

i) Продължете с останалите топки ризото по същия начин.

j) В три плитки чинии смесете брашното, яйцата и галетата. Всяка топка ризото първо се набрашнява, след това се потапя в яйцата и накрая в галета. Поставете в чиния и приберете.

k) Напълнете голяма тенджера с дебело дъно наполовина с растително масло и загрейте на средно слаб огън, докато термометърът за готвене покаже 170°C или парчето хляб стане златистокафяво за 45 секунди.

l) На партиди спуснете топките ризото в олиото и пържете за 8-10 минути или докато станат златисто кафяви и се разтопят в центъра.

m) Поставете върху тава, постлана с чиста кухненска кърпа и оставете настрана.

n) Сервирайте аранчините топли или с обикновен доматен сос, в който да ги потопите.

21. Манчего с портокалов консерват

съставки

Прави около 4 чаши

- 1 глава чесън
- 1 1/2 чаши зехтин, плюс още за напояване
- Кошерна сол
- 1 севилски или пъпен портокал
- 1/4 чаша захар
- 1 килограм младо сирене Manchego, нарязано на 3/4-инчови парчета
- 1 супена лъжица ситно нарязан розмарин
- 1 супена лъжица ситно нарязана мащерка
- Препечена багета

Насоки :

a) Загрейте фурната до 350 градуса по Фаренхайт. четвърт инч "Отстранете горната част на луковицата чесън и я поставете върху парче фолио. Подправете със сол и поръсете с масло.

b) Увийте здраво във фолио и печете за 35-40 минути или докато кората стане златистокафява и карамфилът омекне. Оставя се да изстине. Изстискайте скилидките в голям съд за смесване.

c) В същото време нарежете 1/4 ". Отстранете горната и долната част на портокала и го разрежете по дължина. Отстранете месестата част от всяка четвърт от кората на едно парче, с изключение на бялата сърцевина (запазете корите).

d) Оставете сока, изцеден от месото, в малък леген.

e) Нарежете кората на парчета от четвърт инч и поставете в малка тенджера с достатъчно студена вода, за да покрие с един инч. Оставете да заври, след това отцедете; направете това още два пъти, за да се отървете от горчивината.

f) В тенджера смесете портокаловите кори, захарта, запазения портокалов сок и 1/2 чаша вода.

g) Оставете да заври; намалете топлината до ниска и оставете да къкри, като разбърквате редовно, за 20-30 минути или докато корите омекнат и течността стане сироп. Оставете портокаловите консерви да се охладят.

h) Смесете портокаловите консерви, манчегото, розмарина, мащерката и останалите 1 1/2 чаши масло в купата с чесъна. Охлаждайте поне 12 часа след покриване.

i) Преди да сервирате с препечен хляб, охладете маринованото Manchego до стайна температура.

22. Италиански начос

Порции: 1

съставки

Сос Алфредо

- 1 чаша половин и половина
- 1 чаша гъста сметана
- 2 супени лъжици несолено масло
- 2 скилидки чесън смлени
- 1/2 чаша пармезан
- Сол и черен пипер
- 2 супени лъжици брашно

Начос

- Wonton опаковки, нарязани на триъгълници
- 1 сварено и настъргано пиле
- Сотирани чушки
- Сирене моцарела
- маслини
- Магданоз нарязан
- Сирене пармезан

- Масло за пържене на фъстъци или рапица

Насоки :

a) Добавете безсолното масло в тенджера за сос и го разтопете на среден огън.

b) Разбъркайте чесъна, докато цялото масло се разтопи.

c) Добавете брашното бързо и бъркайте непрекъснато, докато стане на бучки и стане златисто.

d) В купа за смесване комбинирайте тежката сметана и половината.

e) Оставете да заври, след това намалете котлона до слаб и гответе 8-10 минути или докато се сгъсти.

f) Подправете със сол и черен пипер.

g) Wontons: Загрейте олиото в голям тиган на средно висока температура, около 1/3 от пътя нагоре.

h) Добавете уонтоните един по един и загрейте до едва златисто отдолу, след това обърнете и изпечете от другата страна.

i) Поставете хартиена кърпа върху дренажа.

j) Загрейте фурната до 350°F и покрийте тава с хартия за печене, последвана от уонтоните.

k) Отгоре добавете сос Алфредо, пиле, чушки и сирене моцарела.

l) Поставете под бройлера във фурната за 5-8 минути или докато сиренето се разтопи напълно.

m) Извадете от фурната и отгоре поръсете с маслини, пармезан и магданоз.

23. Пилешко пинчо

Порции 8

съставки

- 1,8 паунда пилешки бутчета без кожа и кости, нарязани на 1" парчета
- 1 супена лъжица испански пушен червен пипер
- 1 чаена лъжичка сух риган
- 2 супени лъжици смлян кимион
- 3/4 чаена лъжичка морска сол
- 3 скилидки чесън смлени
- 3 супени лъжици смлян магданоз
- 1/4 чаша екстра върджин зехтин
- Червен сос чимичури

Насоки :

а) В голям съд за смесване комбинирайте всички съставки и разбъркайте старателно, за да покриете парчетата пиле. Оставя се да се маринова една нощ в хладилника.

b) Накиснете бамбукови шишчета за 30 минути във вода. С помощта на шишчета нанижете парчета пиле.

c) Печете на скара за 8-10 минути или докато стане напълно готово.

24. Италиански говежди опаковки

ПОРЦИИ 4

съставки

- 1 чаена лъжичка зехтин
- 1/2 чаша зелена чушка, нарязана на ивици
- 1/2 чаша лук, нарязан на лентички
- 1/2 пеперончини, тънко нарязани
- 1/2 чаена лъжичка италианска подправка
- 8 филийки италианско говеждо месо с дебелина 1/8 инча
- 8 нанизани пръчици сирене

Упътвания

a) В среден тиган загрейте олиото на среден огън. Комбинирайте зехтина и следните четири съставки в купа за смесване. Гответе 3-4 минути или докато омекнат.

b) Поставете сместа върху чиния и оставете настрана за 15 минути, за да се охлади.

c) Как да го сглобите: Върху дъска за рязане поставете четири резена италианско говеждо плоски. Поставете 1 нанизана пръчица сирене в центъра на всяко парче месо на кръст.

d) Отгоре добавете част от сместа от черен пипер и лук. Сгънете едната страна на парчето говеждо месо върху сместа от сирене и зеленчуци, след което го увийте, с шевовете надолу.

e) Сглобете ролцата върху чиния за сервиране.

25. Италиански пеперони рула

Порции 35

съставки

- 5 10" брашнени тортили (спанак, сушени домати или бяло брашно)
- 16 унции крема сирене омекотено
- 2 супени лъжици смлян чесън
- 1/2 чаша сметана
- 1/2 чаша пармезан
- 1/2 чаша италианско настъргано сирене или сирене моцарела
- 2 супени лъжици италианска подправка
- 16 унции резени пеперони
- 3/4 чаша ситно нарязани жълти и оранжеви чушки
- 1/2 чаша ситно нарязани пресни гъби

Насоки :

а) В съд за смесване разбийте крема сиренето до гладкост. Комбинирайте чесъна, заквасената сметана, сирената и италианската подправка в купа за смесване. Разбъркайте, докато всичко се смеси добре.

b) Разпределете сместа равномерно между 5-те брашнени тортили. Покрийте цялата тортила със сместа от сирене.

c) Поставете слой пеперони върху сместа със сирене.

d) Застъпете пеперонитe с едро нарязаните чушки и гъбите.

e) Навийте плътно всяка тортила и я увийте в найлоново фолио.

f) Оставете настрана за поне 2 часа в хладилник.

СРЕДИЗЕМНОМОРСКО ОСНОВНО ЯСТИЕ

26. Италиански испански ориз

Порции : 6

съставки :

- 1-28 унции кутия италиански домати, нарязани на кубчета или смачкани
- 3 чаши всякакъв вид задушен дългозърнест бял ориз, сварен на опаковка
- 3 супени лъжици рапица или растително масло
- 1 нарязана и почистена чушка
- 2 скилидки пресен чесън смлян
- 1/2 чаша червено вино или зеленчуци или бульон
- 2 супени лъжици наситнен пресен магданоз
- 1/2 чаена лъжичка сушен риган и сушен босилек
- сол, черен пипер, кайен на вкус
- Гарнитура: настърган пармезан и сирене Романо
- Освен това можете да добавите всякакви сготвени остатъци, които са

без кости: нарязана на кубчета пържола, нарязани на кубчета свински пържоли, нарязано на кубчета пиле или опитайте да използвате натрошени кюфтета или нарязан италиански варен колбас.

- Зеленчуци по избор: нарязани на кубчета тиквички, нарязани гъби, настъргани моркови, грах или други видове зеленчуци, които предпочитате.

Насоки :

a) Добавете зехтина, чушките и чесъна в голям тиган и гответе за 1 минута.

b) Добавете нарязаните на кубчета или смачкани домати, виното и останалите съставки в тигана.

c) Оставете да къкри за 35 минути или повече, ако добавяте повече зеленчуци.

d) Ако използвате, добавете всяко готово месо и го загрейте в соса за около 5 минути, преди да сгънете в сварения бял ориз.

e) Освен това, ако се използва, месото е вече сготвено и трябва само да се затопли в соса.

f) За да сервирате, изсипете соса върху чиния със смесения ориз и отгоре поръсете с настъргано сирене и пресен магданоз.

27. Италианска туист паеля

Обслужвания: 4

съставки

- 2 пилешки бутчета с кожата, запечени
- 2 пилешки бутчета с кожата, запечени
- 3 големи парчета италиански колбаси, запечени и след това нарязани на 1 инчови парчета
- 1 червена и жълта чушка, нарязани на ивици и предварително запечени
- 1 връзка бейби броколи, предварително сварени
- $1\frac{1}{2}$ чаши ориз, късо зърно като карнароли или арборио
- 4 чаши пилешки бульон, затоплен
- 1 чаша пюре от печени червени чушки
- $\frac{1}{4}$ чаша сухо бяло вино
- 1 среден лук, нарязан на големи кубчета
- 4 големи скилидки чесън, настъргани
- настърган пармезан или сирене романо
- зехтин

Насоки :

a) Започнете, като запечете вашите парчета пиле в тиган за паеля, като получите добра коричка от двете страни и почти се сварят, но не съвсем, след което оставете настрана.

b) Избършете излишното масло от тигана, след това избършете излишното масло от връзките на колбасите.

c) В голям тиган напръскайте зехтин, след това добавете настъргания си чесън и лук и ги задушете, докато омекнат и станат златисти.

d) Добавете виното и оставете да къкри за минута.

e) Комбинирайте целия ориз с половината от вашето пюре от червени чушки или малко повече. Разбъркайте, докато се покрие равномерно, след това натиснете оризовата смес в дъното на тигана.

f) Добавете малко настъргано сирене, сол и черен пипер към ориза.

g) Наредете парчетата наденица, заедно с парчетата пиле, около тавата.

h) Подредете останалите зеленчуци около месото по креативен начин.

i) Изсипете внимателно всичките 4 чаши топъл бульон отгоре.

j) С помощта на четка за сладкиши намажете допълнително пюре от червен пипер върху пилето за повече вкус, като по желание нанесете още малко наоколо.

k) Гответе на слаб огън, покрити с фолио, докато влагата се изпари.

l) Загрейте фурната до 375°F и изпечете покритата тава за 15-20 минути, за да сте сигурни, че месото е изпечено.

m) Продължете да готвите на котлона, докато оризът омекне.

n) Цялото време трябва да бъде около 45 минути.

o) Оставете го настрана за няколко минути, за да се охлади.

p) Гарнирайте с пресен босилек и магданоз, нарязани.

28. Испанска картофена салата

Обслужвания: 4

съставки :

- 3 средни (16 унции) картофи
- 1 голям (3 унции) морков, нарязан на кубчета
- 5 супени лъжици обелен зелен грах
- 2/3 чаша (4 унции) зелен фасул
- 1/2 среден лук, нарязан
- 1 малка червена чушка, нарязана
- 4 коктейлни корнишона, нарязани
- 2 супени лъжици бейби каперси
- 12 маслини, пълнени с аншоа
- 1 твърдо сварено яйце, нарязано на тънки филийки 2/3 чаша (5 течни унции) майонеза
- 1 супена лъжица лимонов сок
- 1 чаена лъжичка дижонска горчица
- Прясно смлян черен пипер, на вкус Нарязан пресен магданоз, за украса

Насоки :

a) Сварете картофите и морковите в леко подсолена вода в тенджера. Оставете да заври, след това намалете котлона и гответе почти докато омекне.

b) Добавете граха и боба и оставете да къкри, като разбърквате от време на време, докато всички зеленчуци омекнат. Отцедете зеленчуците и ги поставете в чиния за сервиране.

c) В голяма купа за смесване смесете лука, чушката, корнишоните, бейби каперсите, пълнените с аншоа маслини и парчетата яйца.

d) Комбинирайте майонезата, лимоновия сок и горчицата в отделна купа напълно. Изсипете тази смес върху чиния за сервиране и разбъркайте добре, за да покриете всички **съставки** . Поръсете с щипка сол и черен пипер.

e) Охлажда се след украса с нарязан магданоз.

f) За да подобрите вкуса на салатата, оставете я да престои на стайна температура за около 1 час преди сервиране.

29. Испанска карбонара

Порции: 2-3

съставки

- 1 малко чоризо, нарязано на кубчета
- 1 скилидка чесън ситно смлян
- 1 малък домат, нарязан на кубчета
- 1 консерва garbanzos
- сухи подправки: сол, люти чушки, риган, семена от копър, звездовиден анасон
- пипер (черен пипер) за яйцата
- екстра върджин зехтин
- 2 яйца
- 4-6 унции паста
- качествено италианско сирене

Насоки :

a) В малко количество зехтин задушете чесъна, домата и чоризо за няколко минути, след това добавете боба и течните и сухи подправки. Оставете да заври, след това намалете котлона до минимум, докато течността намалее наполовина.

b) Междувременно оставете водата за пастата да заври и пригответе яйцата за пускане в тигана с гарбанцо и в предварително загрятата фурна. За да придадат онзи испански вкус, ги поръсвам с готовата смес от подправки и пимен.

c) Сега е идеалният момент да добавите макароните в тенджерата, докато тавата е във фурната и водата ври. И двамата трябва да са готови в един и същи момент.

30. Кюфтета в доматен сос

Обслужвания: 4

съставки :

- 2 супени лъжици зехтин
- 8 унции смляно говеждо месо
- 1 чаша (2 унции) пресни бели галета
- 2 супени лъжици настъргано сирене Manchego или пармезан
- 1 супена лъжица доматено пюре
- 3 скилидки чесън, нарязани на ситно
- 2 лука, нарязани на ситно
- 2 супени лъжици нарязана прясна мащерка
- 1/2 чаена лъжичка куркума
- Сол и черен пипер на вкус
- 2 чаши (16 унции) консервирани сливи домати, нарязани
- 2 супени лъжици червено вино
- 2 супени лъжици нарязани листа от пресен босилек

- 2 супени лъжици нарязан пресен розмарин

Насоки :

a) Комбинирайте говеждото, галетата, сиренето, доматеното пюре, чесъна, лука, яйцето, мащерката, куркумата, сол и черен пипер в купа за смесване.

b) Оформете сместа на 12 до 15 твърди топки с ръце.

c) В тиган загрейте зехтина на средно силен огън. Гответе няколко минути, или докато кюфтетата покафенеят от всички страни.

d) В голяма купа за смесване смесете доматите, виното, босилека и розмарина. Гответе, като разбърквате от време на време, около 20 минути, или докато кюфтетата са готови.

e) Сол и черен пипер щедро, след това сервирайте с бланширани рапини, спагети или хляб.

31. Супа от бял боб

Порции: 4

съставки :

- 1 нарязан лук
- 2 супени лъжици зехтин
- 2 нарязани стръка целина
- 3 смлени скилидки чесън
- 4 чаши консервирани зърна канелини
- 4 чаши пилешки бульон
- Сол и черен пипер на вкус
- 1 чаена лъжичка пресен розмарин
- 1 чаша цветчета броколи
- 1 супена лъжица трюфелово масло
- 3 супени лъжици настърган пармезан

Насоки :

a) В голям тиган загрейте олиото.

b) Гответе целината и лука за около 5 минути в тиган.

c) Добавете чесъна и разбъркайте, за да се комбинират. Гответе още 30 секунди.

d) Хвърлете боба, 2 чаши пилешки бульон, розмарин, сол и черен пипер, както и броколите.

e) Оставете течността да заври и след това намалете котлона на слаб огън за 20 минути.

f) Пасирайте супата с ръчен пасатор, докато достигне желаната гладкост.

g) Намалете котлона до минимум и поръсете с маслото от трюфели.

h) Разпределете супата в чинии и поръсете с пармезан преди сервиране.

32. Рибена супа

Порции: 8

съставки :

- 32 унции може домати на кубчета
- 2 супени лъжици зехтин
- ¼ чаша нарязана целина
- ½ чаша рибен бульон
- ½ чаша бяло вино
- 1 чаша пикантен сок V8
- 1 нарязана зелена чушка
- 1 нарязан лук
- 4 смлени скилидки чесън
- Посолява се черен пипер на вкус
- 1 чаена лъжичка италианска подправка
- 2 обелени и нарязани моркови
- 2 ½ фунта нарязана тилапия
- ½ lb. обелени и почистени скариди

Насоки :

a) В големия ти съд първо загрейте зехтина.

b) Гответе чушката, лука и целината за 5 минути в горещ тиган.

c) След това добавете чесъна. Гответе 1 минута след това.

d) В голяма купа за смесване комбинирайте всички останали съставки с изключение на морските дарове.

e) Гответе яхнията 40 минути на слаб огън.

f) Добавете тилапията и скаридите и разбъркайте, за да се комбинират.

g) Оставете да къкри още 5 минути.

h) Опитайте и коригирайте подправките преди сервиране.

33. Паста и фагиоли

Порции: 10

съставки :

- 1 ½ фунта смляно говеждо месо
- 2 нарязани глави лук
- ½ чаени лъжички люспи от червен пипер
- 3 супени лъжици зехтин
- 4 нарязани стръка целина
- 2 смлени скилидки чесън
- 5 чаши пилешки бульон
- 1 чаша доматен сос
- 3 супени лъжици доматено пюре
- 2 супени лъжици риган
- 1 чаена лъжичка босилек
- Сол и черен пипер на вкус
- 1 15-унция консерва канелини на зърна
- 2 чаши сварена малка италианска паста

Насоки :

a) В голяма тенджера запържете месото за 5 минути или докато спре да е розово. Премахнете от уравнението.

b) В голям тиган загрейте зехтина и запържете лука, целината и чесъна за 5 минути.

c) Добавете бульона, доматения сос, доматеното пюре, солта, черния пипер, босилека и люспите от червен пипер и разбъркайте, за да се комбинират.

d) Сложете капака на тенджерата. След това супата трябва да се вари 1 час.

e) Добавете телешкото месо и гответе още 15 минути.

f) Добавете боба и разбъркайте, за да се комбинират. След това гответе 5 минути на слаб огън.

g) Разбъркайте сварената паста и гответе 3 минути или докато се загрее.

34. Супа с кюфтета и тортелини

Порции: 6

съставки :

- 2 супени лъжици зехтин
- 1 глава лук на кубчета
- 3 смлени скилидки чесън
- Сол и черен пипер на вкус
- 8 чаши пилешки бульон
- 1 ½ чаши консервирани домати на кубчета
- 1 чаша нарязано зеле
- 1 чаша размразен замразен грах
- 1 чаена лъжичка счукан босилек
- 1 чаена лъжичка риган
- 1 дафинов лист
- 1 lb размразени кюфтета - всякакви
- 1 lb. тортелини от прясно сирене
- ¼ чаша настърган пармезан

Насоки :

a) В голяма тенджера загрейте зехтина и задушете лука и чесъна за 5 минути.

b) В голяма тенджера смесете пилешкия бульон, нарязаните домати, зеле, грах, босилек, риган, сол, черен пипер и дафинов лист.

c) След това оставете течността да заври. След това гответе 5 минути на слаб огън.

d) Извадете дафиновия лист и го изхвърлете.

e) Оставете да къкри още 5 минути, след като добавите кюфтетата и тортелините.

f) Не на последно място сервирайте в купички с настърган кашкавал отгоре.

35. Пиле Марсала

Порции: 4

съставки :

- $\frac{1}{4}$ чаша брашно
- Сол и черен пипер на вкус
- $\frac{1}{2}$ чаени лъжички мащерка
- 4 обезкостени пилешки гърди , начукани
- $\frac{1}{4}$ чаша масло
- $\frac{1}{4}$ чаша зехтин
- 2 смлени скилидки чесън
- 1 $\frac{1}{2}$ чаши нарязани гъби
- 1 нарязана на кубчета малка глава лук
- 1 чаша марсала
- $\frac{1}{4}$ чаша половин и половина или тежка сметана

Насоки :

а) В купа за смесване смесете брашното, солта, черния пипер и мащерката.

b) В отделна купа потопете пилешките гърди в сместа.

c) В голям тиган разтопете маслото и олиото.

d) Гответе чесъна за 3 минути в тиган.

e) Хвърлете пилето и гответе по 4 минути от всяка страна.

f) В тиган смесете гъбите, лука и марсалата.

g) Гответе пилето за 10 минути на слаб огън.

h) Прехвърлете пилето в чиния за сервиране.

i) Смесете в полу-половин или тежка сметана. След това, докато готвите на висока температура за 3 минути, разбърквайте непрекъснато.

j) Залейте пилето със соса.

36. Пиле Чедър с чесън

Порции: 8

съставки :

- $\frac{1}{4}$ чаша масло
- $\frac{1}{4}$ чаша зехтин
- $\frac{1}{2}$ чаша настърган пармезан
- $\frac{1}{2}$ чаша Панко галета
- $\frac{1}{2}$ чаша натрошени бисквити Ritz
- 3 смлени скилидки чесън
- 1 $\frac{1}{4}$ остро сирене чедър
- $\frac{1}{4}$ чаена лъжичка италианска подправка
- Сол и черен пипер на вкус
- $\frac{1}{4}$ чаша брашно
- 8 пилешки гърди

Насоки :

a) Загрейте фурната до 350 градуса по Фаренхайт.

b) В тиган разтопете маслото и зехтина и запържете чесъна за 5 минути.

c) В голяма купа за смесване смесете галетата, натрошените бисквити, двете сирена, подправките, солта и черния пипер.

d) Потопете всяко парче пиле в сместа масло/зехтин възможно най-бързо.

e) Набрашнете пилешкото месо и го потопете в него.

f) Загрейте фурната до 350°F и намажете пилето със сместа от галета.

g) Поставете всяко парче пиле в тава за печене.

h) Поръсете сместа масло/олио отгоре.

i) Загрейте фурната до 350°F и печете 30 минути.

j) За допълнителна хрупкавост поставете под бройлера за 2 минути.

37. Пиле Фетучини Алфредо

Порции: 8

съставки :

- 1 lb паста фетучини
- 6 обезкостени пилешки гърди без кожа, добре нарязани на кубчета ¾ чаша масло, разделено
- 5 смлени скилидки чесън
- 1 чаена лъжичка мащерка
- 1 чаена лъжичка риган
- 1 глава лук на кубчета
- 1 чаша нарязани гъби
- ½ чаша брашно
- Сол и черен пипер на вкус
- 3 чаши пълномаслено мляко
- 1 чаша тежка сметана
- ¼ чаша настъргано сирене грюер
- ¾ чаша настърган пармезан

Насоки :

a) Загрейте фурната до 350°F и гответе паста според указанията на опаковката , около 10 минути.

b) В тиган разтопете 2 супени лъжици масло и добавете пилешките кубчета, чесъна, мащерката и ригана, като гответе на ниска степен за 5 минути или докато пилето вече не е розово. Премахнете .

c) В същия тиган разтопете останалите 4 супени лъжици масло и задушете лука и гъбите.

d) Разбъркайте брашното, солта и черния пипер за 3 минути.

e) Добавете тежката сметана и млякото. Бъркайте още 2 минути.

f) Разбъркайте сиренето за 3 минути на слаб огън.

g) Върнете пилето в тигана и подправете на вкус.

h) Гответе 3 минути на ниска температура.

i) Изсипете соса върху пастата.

38. Зити с наденица

Порции: 8

съставки :

- 1 lb. натрошена италианска наденица
- 1 чаша нарязани гъби
- ½ чаша нарязана на кубчета целина
- 1 глава лук на кубчета
- 3 смлени скилидки чесън
- 42 унции сос за спагети от магазина или домашен
- Сол и черен пипер на вкус
- ½ чаена лъжичка риган
- ½ чаени лъжички босилек
- 1 lb. сурова паста ziti
- 1 чаша настъргано сирене моцарела
- ½ чаша настърган пармезан
- 3 супени лъжици нарязан магданоз

Насоки :

a) В тиган запържете наденицата, гъбите, лука и целината за 5 минути.

b) След това добавете чесъна. Гответе още 3 минути. Премахнете от уравнението.

c) Добавете соса за спагети, солта, черния пипер, ригана и босилека в отделен тиган.

d) Оставете соса да къкри 15 минути.

e) Пригответе пастата в тиган според **указанията на опаковката** , докато сосът се готви. Изцедете.

f) Загрейте фурната до 350 градуса по Фаренхайт.

g) В съд за печене сложете зити, смес от колбаси и настъргана моцарела на два слоя.

h) Отгоре поръсете с магданоз и пармезан.

i) Загрейте фурната до 350°F и печете 25 минути.

39. Наденица и чушки

Порции: 4

съставки :

- 1 пакет спагети
- 1 супена лъжица зехтин
- 4 брънки сладки италиански колбаси, нарязани на хапки
- 2 червени чушки, нарязани на лентички.
- 2 зелени чушки, нарязани на ивици
- 2 портокалови чушки, нарязани на ивици
- 3 смлени скилидки чесън
- 1 чаена лъжичка италианска подправка
- Сол и черен пипер на вкус
- 3 супени лъжици необработен зехтин
- 12 унции домати от консерва на кубчета
- 3 супени лъжици червено вино
- 1/3 чаша нарязан магданоз

- $\frac{1}{4}$ чаша настъргано сирене Asiago

Насоки :

a) Сварете спагетите според указанията на опаковката , което трябва да отнеме около 5 минути. Отцедете б) В тиган загрейте зехтина и запържете наденичките за 5 минути.

b) Поставете наденицата в чиния за сервиране.

c) Добавете чушките, чесъна, италианската подправка, солта и черния пипер в същия тиган.

d) чушките с 3 супени лъжици зехтин.

e) Добавете нарязаните на кубчета домати и виното и разбъркайте, за да се комбинират.

f) Запържете общо 10 минути.

g) Регулирайте подправката, като хвърлите спагетите с чушките.

h) Отгоре добавете магданоз и сирене Asiago.

40. Пикантна лазаня

Порции: 4

съставки :

- 1 ½ lb. натрошен пикантен италиански колбас
- 5 чаши закупен от магазина сос за спагети
- 1 чаша доматен сос
- 1 чаена лъжичка италианска подправка
- ½ чаша червено вино
- 1 супена лъжица захар
- 1 супена лъжица масло
- 5 смлени ръкавици чесън
- 1 глава лук на кубчета
- 1 чаша настъргано сирене моцарела
- 1 чаша настъргано сирене проволоне
- 2 чаши сирене рикота
- 1 чаша извара
- 2 големи яйца

- $\frac{1}{4}$ чаша мляко
- 9 нудълс юфка за лазаня - изд
- $\frac{1}{4}$ чаша настърган пармезан

Насоки :

a) Загрейте фурната до 375 градуса по Фаренхайт.

b) В тиган запържете натрошената наденица за 5 минути. Всяка мазнина трябва да се изхвърли.

c) В голяма тенджера смесете соса за паста, доматения сос, италианската подправка, червеното вино и захарта и разбъркайте добре.

d) В тиган загрейте зехтина. След това за 5 минути запържете чесъна и лука.

e) Включете наденицата, чесъна и лука в соса.

f) След това покрийте тенджерата и я оставете да къкри за 45 минути.

g) В съд за смесване смесете сирената моцарела и проволоне.

h) В отделна купа смесете рикотата, изварата, яйцата и млякото.

i) В съд за печене 9 x 13 изсипете 12 чаши сос на дъното на съда.

j) Сега подредете юфката, соса, рикотата и моцарелата в съда за печене на три слоя.

k) Отгоре намажете с пармезан.

l) Пече се в покрит съд за 30 минути.

m) Печете още 15 минути, след като откриете съда.

41. Вечеря с морски дарове Diavolo

Порции: 4

съставки :

- 1lb големи обелени и лишени от жила скариди
- ½ фунта запечени миди
- 3 супени лъжици зехтин
- ½ чаени лъжички люспи от червен пипер
- Сол на вкус
- 1 нарязана малка глава лук
- ½ чаени лъжички мащерка
- ½ чаена лъжичка риган
- 2 натрошени филета хамсия
- 2 супени лъжици доматено пюре
- 4 смлени скилидки чесън
- 1 чаша бяло вино
- 1 чаена лъжичка лимонов сок
- 2 ½ чаши нарязани на кубчета домати

- 5 супени лъжици магданоз

Насоки :

a) В съд за смесване смесете скаридите, мидите, зехтина, червения пипер на люспи и солта.

b) Загрейте тигана до 350°F. За 3 минути запържете морските дарове на един слой. Това е нещо, което може да се направи на купчини.

c) Поставете скаридите и мидите върху чиния за сервиране.

d) Загрейте отново тигана.

e) За 2 минути задушете лука, билките, филетата аншоа и доматеното пюре.

f) Комбинирайте виното, лимоновия сок и нарязаните на кубчета домати в купа за смесване.

g) Оставете течността да заври.

h) Задайте ниска температура. Гответе 15 минути след това.

i) Върнете морските дарове в тигана, заедно с магданоза.

j) Гответе 5 минути на слаб огън.

42. Скапи от лингвини и скариди

Порции: 6

съставки :

- 1 пакет паста лингвини
- $\frac{1}{4}$ чаша масло
- 1 нарязана червена чушка
- 5 смлени скилидки чесън
- 45 големи сурови скариди, обелени и без вдлъбнатини $\frac{1}{2}$ чаша сухо бяло вино $\frac{1}{4}$ чаша пилешки бульон
- 2 супени лъжици лимонов сок
- $\frac{1}{4}$ чаша масло
- 1 супени лъжици счукан люспи от червен пипер
- $\frac{1}{2}$ супени лъжици шафран
- $\frac{1}{4}$ чаша нарязан магданоз
- Сол на вкус

Насоки :

a) Сварете пастата според указанията на опаковката , което трябва да отнеме около 10 минути.

b) Отцедете водата и го оставете настрана.

c) В голям тиган разтопете маслото.

d) Сварете чушките и чесъна в тиган за 5 минути.

e) Добавете скаридите и продължете да задушавате още 5 минути.

f) Извадете скаридите в чиния, но оставете чесъна и черния пипер в тигана.

g) Сложете да заври бялото вино, бульона и лимоновия сок.

h) Върнете скаридите в тигана с още 14 чаши по-добро.

i) Добавете червения пипер на люспи, шафрана и магданоза и подправете на вкус със сол.

j) Оставете да къкри за 5 минути, след като разбъркате с пастата.

43. Скариди със сметанов сос песто

Порции: 6

съставки :

- 1 пакет паста лингвини
- 1 супена лъжица зехтин
- 1 нарязан лук
- 1 чаша нарязани гъби
- 6 смлени скилидки чесън
- ½ чаша масло
- Сол и черен пипер на вкус
- ½ чаени лъжички лют червен пипер
- 1 3/4 чаши настъргано пекорино романо
- 3 супени лъжици брашно
- ½ чаша тежка сметана
- 1 чаша песто
- 1 lb. варени скариди, обелени и почистени

Насоки :

a) Сварете пастата според указанията на опаковката , което трябва да отнеме около 10 минути. Изцедете.

b) В тиган загрейте олиото и запържете лука и гъбите за 5 минути.

c) Гответе 1 минута, след като разбъркате чесъна и маслото.

d) В тиган изсипете тежката сметана и подправете със сол, черен пипер и лют червен пипер.

e) Оставете да къкри още 5 минути.

f) Добавете сиренето и разбъркайте, за да се комбинират. Продължете да разбивате, докато сиренето се разтопи.

g) След това, за да сгъсти соса, добавете брашното.

h) Гответе 5 минути с пестото и скаридите.

i) Намажете пастата със соса.

44. Супа от риба и чоризо

Порции : 4

съставки :

- 2 рибени глави (използвани за готвене на рибен бульон)
- 500 г рибни филета , нарязани на хапки
- 1 глава лук
- 1 скилидка чесън
- 1 чаша бяло вино
- 2 супени лъжици зехтин
- 1 шепа магданоз (нарязан)
- 2 чаши рибен бульон
- 1 шепа риган (нарязан)
- 1 супена лъжица сол
- 1 супена лъжица черен пипер
- 1 целина
- 2 консерви домати (домати)
- 2 червени люти чушки

- 2 колбаса чоризо
- 1 супена лъжица червен пипер
- 2 дафинови листа

Насоки :

a) Почистете главата на рибата. Хрилете трябва да бъдат отстранени. Посолява се. Гответе 20 минути на ниска температура. Премахнете от уравнението.

b) В тавичка налейте зехтина. Комбинирайте лука, дафиновите листа, чесъна, чоризо и червения пипер в голяма купа за смесване. 7 минути във фурната

c) В голяма купа за смесване смесете червените люти чушки, доматите, целината, черния пипер, солта, ригана, рибения бульон и бялото вино.

d) Гответе общо 10 минути.

e) Хвърлете рибата. 4 минути във фурната

f) Използвайте ориз като гарнитура.

g) Добавете магданоз като гарнитура.

45. Испански Рататуй

Порции : 4

съставки :

- 1 червена чушка (нарязана на кубчета)
- 1 глава лук със среден размер (нарязана или наситнена)
- 1 скилидка чесън
- 1 тиквичка (нарязана)
- 1 зелена чушка (нарязана на кубчета)
- 1 супена лъжица сол
- 1 супена лъжица черен пипер
- 1 консерва домати (нарязани)
- 3 супени лъжици зехтин
- 1 капка бяло вино
- 1 шепа пресен магданоз

Насоки :

a) В тавичка налейте зехтина.

b) Хвърлете лука. Оставете 4 минути време за пържене на среден огън.

c) Хвърлете чесъна и чушките. Оставете още 2 минути да се пържат.

d) Сложете тиквичките, доматите, бялото вино и подправете на вкус със сол и черен пипер.

e) Гответе 30 минути или докато свърши.

f) Гарнирайте с магданоз, ако желаете.

g) Сервирайте с ориз или препечен хляб като гарнитура.

h) Наслади се!!!

46. Яхния от боб и чоризо

Порции : 3

съставки :

- 1 морков (нарязан на кубчета)
- 3 супени лъжици зехтин
- 1 средно голяма глава лук
- 1 червена чушка
- 400 г сух фасул
- 300 грама наденица чоризо
- 1 зелена чушка
- 1 чаша магданоз (нарязан)
- 300 г домати (нарязани на кубчета)
- 2 чаши пилешки бульон
- 300 грама пилешки бутчета (филе)
- 6 скилидки чесън
- 1 средно голям картоф (нарязан на кубчета)
- 2 супени лъжици мащерка
- 2 супени лъжици сол на вкус

- 1 супена лъжица черен пипер

Насоки :

a) В тиган, изсипете растително масло. Хвърлете лука. Оставете 2 минути време за пържене на среден огън.

b) В голяма купа за смесване смесете чесъна, моркова, чушките, чоризо и пилешките бутчета. Оставете 10 минути за готвене.

c) Добавете мащерката, пилешкия бульон, боба, картофите, доматите, магданоза и подправете на вкус със сол и черен пипер.

d) Гответе 30 минути или докато бобът омекне и яхнията се сгъсти.

47. Гаспачо

Порции : 6

съставки :

- 2 килограма зрели домати , нарязани
- 1 червена чушка (нарязана на кубчета)
- 2 скилидки чесън (смлян)
- 1 супена лъжица сол
- 1 супена лъжица черен пипер
- 1 супена лъжица кимион (смлян)
- 1 чаша червен лук (нарязан)
- 1 голяма чушка Халапеньо
- 1 чаша зехтин
- 1 лайм 1 средно голяма краставица
- 2 супени лъжици оцет
- 1 чаша домат (сок)
- 1 супена лъжица сос Worcestershire
- 2 супени лъжици пресен босилек (нарязан)
- 2 филийки хляб

Насоки :

a) В купа за смесване смесете краставица, домати, чушки, лук, чесън, халапеньо, сол и кимион. Всичко се разбърква напълно.

b) В блендер смесете зехтина, оцета, соса Worcestershire, сока от лайм, доматения сок и хляба. Блендирайте, докато сместа стане напълно гладка.

c) Включете смесената смес в оригиналната смес с помощта на сито.

d) Не забравяйте да комбинирате напълно всичко.

e) Загребвайте половината от сместа в блендера и я пюрирайте. Блендирайте, докато сместа стане напълно гладка.

f) Смесената смес се връща при останалата смес. Всичко се разбърква напълно.

g) Охладете купата за 2 часа, след като я покриете.

h) След 2 часа извадете купата. Овкусете сместа със сол и черен пипер. Отгоре ястието се поръсва с босилек.

i) Сервирайте.

48. Калмари и ориз

Порции : 4

съставки :

- 6 унции морски дарове (по ваш избор)
- 3 скилидки чесън
- 1 средно голяма глава лук (нарязана)
- 3 супени лъжици зехтин
- 1 зелена чушка (нарязана)
- 1 супена лъжица мастило от калмари
- 1 връзка магданоз
- 2 супени лъжици червен пипер
- 550 грама калмари (почистени)
- 1 супена лъжица сол
- 2 целина (на кубчета)
- 1 пресен дафинов лист
- 2 средно големи домата (настъргани)
- 300 г ориз каласпара
- 125 мл бяло вино

- 2 чаши рибен бульон
- 1 лимон

Насоки :

a) В тиган се налива зехтин. Комбинирайте лука, дафиновия лист, черния пипер и чесъна в купа за смесване. Оставете за няколко минути да се запържат.

b) Добавете калмарите и морските дарове. Гответе няколко минути, след което извадете калмарите/морските дарове.

c) В голяма купа за смесване смесете червения пипер, доматите, солта, целината, виното и магданоза. Оставете 5 минути зеленчуците да се сварят.

d) Хвърлете изплакнатия ориз в тигана. Комбинирайте рибния бульон и мастилото от калмари в купа за смесване.

e) Гответе общо 10 минути. Комбинирайте морските дарове и калмарите в голяма купа за смесване.

f) Гответе още 5 минути.

g) Сервирайте с айоли или лимон.

49. Заешка яхния в домати

Порции : 5

съставки :

- 1 пълен заек , нарязан на хапки
- 1 дафинов лист
- 2 големи глави лук
- 3 скилидки чесън
- 2 супени лъжици зехтин
- 1 супена лъжица сладък червен пипер
- 2 стръка пресен розмарин
- 1 консерва домати
- 1 стрък мащерка
- 1 чаша бяло вино
- 1 супена лъжица сол
- 1 супена лъжица черен пипер

Насоки :

a) В тиган загрейте зехтина на средно силен огън.

b) Загрейте олиото и добавете заешките хапки. Пържете до равномерно зачервяване на парчетата.

c) Премахнете го, след като приключи.

d) Добавете лука и чесъна в същия тиган. Гответе докато омекне напълно.

e) В голяма купа за смесване смесете мащерката, червения пипер, розмарина, солта, черния пипер, доматите и дафиновия лист. Оставете 5 минути за готвене.

f) Залейте заешките хапки с виното. Гответе, покрити, в продължение на 2 часа или докато заешките парчета се сварят и сосът се сгъсти.

g) Сервирайте с пържени картофи или препечен хляб.

50. Скариди с копър

Порции : 3

съставки :

- 1 супена лъжица сол
- 1 супена лъжица черен пипер
- 2 скилидки чесън (нарязани)
- 2 супени лъжици зехтин
- 4 супени лъжици манзанила шери
- 1 луковица копър
- 1 шепа стръкове магданоз
- 600 г чери домати
- 15 големи скариди , обелени
- 1 чаша бяло вино

Насоки :

a) В голяма тенджера загрейте олиото. Поставете нарязаните скилидки чесън в купа. Оставете да се запържи, докато чесънът стане златисто кафяв.

b) Добавете копъра и магданоза към сместа. Варете 10 минути на слаб огън.

c) В голяма купа за смесване смесете доматите, солта, черния пипер, шерито и виното. Оставете да заври 7 минути или докато сосът стане гъст.

d) Отгоре се нареждат обелените скариди. Гответе 5 минути, или докато скаридите порозовеят.

e) Гарнирайте с поръска от листа магданоз.

f) Сервирайте с гарнитура от хляб.

СРЕДИЗЕМНОМОРСКИ ДЕСЕРТ

51. Шоколадова панакота

5 порции

съставки :

- 500 мл тежка сметана
- 10 г желатин
- 70 г черен шоколад
- 2 супени лъжици кисело мляко
- 3 супени лъжици захар
- Шипка сол

Насоки :

a) В малко количество сметана накиснете желатина.

b) В малка тенджерка изсипете останалата сметана. Сложете захарта и киселото мляко да заври, като разбърквате от време на време, но не кипвайте. Свалете съда от котлона.

c) Разбъркайте шоколада и желатина, докато се разтворят напълно.

d) Напълнете формите с тестото и охладете за 2-3 часа.

e) За да освободите панакотата от формата, пуснете я под гореща вода за няколко секунди, преди да извадите десерта.

f) Украсете по ваш вкус и сервирайте!

52. Чийз галет със салам

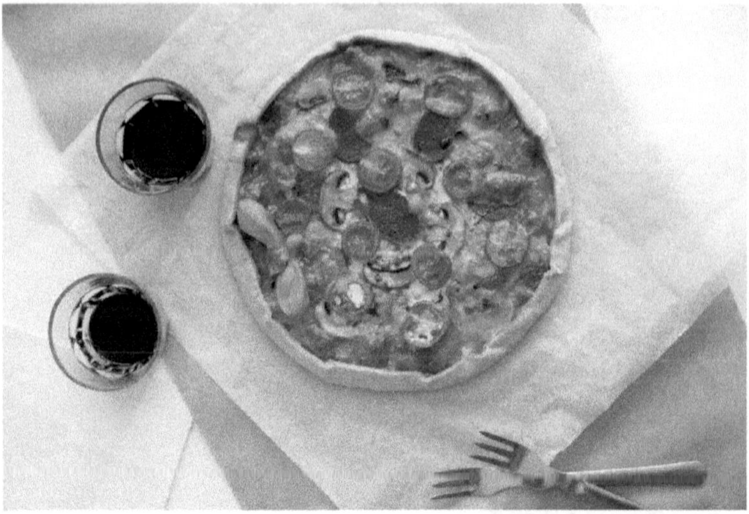

5 порции

съставки :

- 130 г масло
- 300 г брашно
- 1 чаена лъжичка сол
- 1 яйце
- 80 мл мляко
- 1/2 чаена лъжичка оцет
- Пълнеж:
- 1 домат
- 1 сладка чушка
- тиквички
- салам
- моцарела
- 1 супена лъжица зехтин
- билки (като мащерка, босилек, спанак)

Насоки :

a) Нарежете маслото на кубчета.

b) В купа или тиган смесете олиото, брашното и солта и нарежете с нож.

c) Хвърлете яйце, малко оцет и малко мляко.

d) Започнете да месите тестото. Охладете за половин час, след като го разточите на топка и го увиете в найлоново фолио.

e) Нарежете всички съставки за пълнежа.

f) Поставете пълнежа в центъра на голям кръг тесто, което е разточено върху хартия за печене (с изключение на моцарела).

g) Полейте със зехтин и овкусете със сол и черен пипер.

h) След това внимателно повдигнете краищата на тестото, увийте ги около застъпващите се участъци и леко ги притиснете.

i) Загрейте фурната на 200°C и печете 35 минути. Добавете моцарелата десет минути преди края на времето за печене и продължете да печете.

j) Сервирайте веднага!

53. Тирамису

Порции: 6

съставки :

- 4 жълтъка
- ¼ чаша бяла захар
- 1 супена лъжица ванилов екстракт
- ½ чаша сметана за разбиване
- 2 чаши сирене маскарпоне
- 30 дамски пръста
- 1 ½ чаши ледено студено сварено кафе, съхранявано в хладилник
- ¾ чаша ликьор Frangelico
- 2 супени лъжици неподсладено какао на прах

Насоки :

a) В купа за смесване разбийте заедно жълтъците, захарта и ваниловия екстракт до кремообразна смес.

b) След това разбийте сметаната до твърда пяна.

c) Комбинирайте сиренето маскарпоне и разбитата сметана.

d) В малка купа за смесване леко смесете маскарпонето с жълтъците и оставете настрана.

e) Смесете алкохола със студеното кафе.

f) Веднага потопете дамските пръсти в кафеената смес. Ако женските пръсти се намокрят или навлажнят, те ще се намокрят.

g) Поставете половината от женските пръсти на дъното на 9x13-инчов съд за печене.

h) Отгоре се поставя половината от сместа за плънката.

i) Поставете останалите дамски пръсти отгоре.

j) Поставете капак върху съда. След това охладете за 1 час.

k) Поръсете с какао на прах.

54. Кремообразен пай с рикота

Порции: 6

съставки :

- 1 купена от магазина кора за баница
- 1 ½ lb сирене рикота
- ½ чаша сирене маскарпоне
- 4 разбити яйца
- ½ чаша бяла захар
- 1 супена лъжица ракия

Насоки :

a) Загрейте фурната до 350 градуса по Фаренхайт.

b) Комбинирайте всички съставки за пълнежа в купа за смесване. След това изсипете сместа в кората.

c) Загрейте фурната до 350°F и печете 45 минути.

d) Охладете пая поне 1 час преди сервиране.

55. Анасонови бисквити

Порции: 36

съставки :

- 1 чаша захар
- 1 чаша масло
- 3 чаши брашно
- $\frac{1}{2}$ чаша мляко
- 2 разбити яйца
- 1 супена лъжица бакпулвер
- 1 супена лъжица бадемов екстракт
- 2 супени лъжици анасонов ликьор
- 1 чаша сладкарска захар

Насоки :

a) Загрейте фурната до 375 градуса по Фаренхайт.

b) Разбийте заедно захарта и маслото, докато станат светли и пухкави.

c) Включете постепенно брашното, млякото, яйцата, бакпулвера и бадемовия екстракт.

d) Месете тестото, докато стане лепкаво.

e) Направете малки топки от парчета тесто с дължина 1 инч.

f) Загрейте фурната до 350°F и намаслете тава за печене. Поставете топките върху тавата за печене.

g) Загрейте фурната до 350°F и изпечете бисквитките за 8 минути.

h) Комбинирайте ликьора от анасон, сладкарската захар и 2 супени лъжици гореща вода в купа за смесване.

i) Накрая потопете сладките в глазурата, докато са още топли.

56. Панакота

Порции: 6

съставки :

- ⅓ чаша мляко
- 1 пакет неовкусен желатин
- 2 ½ чаши тежка сметана
- ¼ чаша захар
- ¾ чаша нарязани ягоди
- 3 супени лъжици кафява захар
- 3 супени лъжици бренди

Насоки :

a) Разбъркайте заедно млякото и желатина, докато желатинът се разтвори напълно. Премахнете от уравнението.

b) В малка тенджера сложете сметаната и захарта да заври.

c) Включете желатиновата смес в тежката сметана и разбийте за 1 минута.

d) Разпределете сместа между 5 рамекина.

e) Поставете пластмасова обвивка върху рамекините. След това охладете за 6 часа.

f) В купа за смесване смесете ягодите, кафявата захар и ракията; охладете за поне 1 час.

g) Поставете ягодите върху панакотата.

57. Карамелен флан

Порции : 4

съставки :

- 1 супена лъжица ванилов екстракт
- 4 яйца
- 2 кутии мляко (1 изпарено и 1 подсладено кондензирано)
- 2 чаши разбиване сметана
- 8 супени лъжици захар

Насоки :

a) Загрейте фурната до 350 градуса по Фаренхайт.

b) В тиган с незалепващо покритие разтопете захарта на среден огън до златисто.

c) Изсипете втечнената захар в тава за печене, докато е още гореща.

d) В съд за смесване разбийте и разбийте яйцата. Комбинирайте кондензираното мляко, екстракта от ванилия, сметаната и подсладеното мляко в купа за смесване. Направете старателна смес.

e) Изсипете тестото в намазана с разтопена захар тава за печене. Поставете тигана в по-голям съд с 1 инч вряща вода.

f) В Печете 60 минути.

58. Каталонски крем

Порции : 3

съставки :

- 4 жълтъка
- 1 канела (пръчка)
- 1 лимон (кора)
- 2 супени лъжици царевично нишесте
- 1 чаша захар
- 2 чаши мляко
- 3 чаши пресни плодове (горски плодове или смокини)

Насоки :

a) В тиган разбийте жълтъците и голяма част от захарта. Блендирайте, докато сместа стане пенлива и гладка.

b) Добавете пръчката канела с лимоновата кора. Направете старателна смес.

c) Смесете царевичното нишесте и млякото. На слаб огън разбърквайте, докато сместа се сгъсти.

d) Извадете тенджерата от фурната. Оставете да се охлади за няколко минути.

e) Поставете сместа в рамекини и оставете настрана.

f) Оставете настрана за поне 3 часа в хладилник.

g) Когато сте готови за сервиране, поръсете останалата захар върху рамекините.

h) Поставете рамекините на долния рафт на котела. Оставете захарта да се разтопи, докато придобие златистокафяв цвят.

i) Като гарнитура сервирайте с плодове.

59. Портокалово-лимонов испански крем

Порции : 1 порции

Съставка

- 4½ чаена лъжичка Обикновен желатин
- ½ чаша портокалов сок
- ¼ чаша Лимонов сок
- 2 чаши Мляко
- 3 Яйца, разделени
- ⅔ чаша захар
- Щипка сол
- 1 супена лъжица Настъргана портокалова кора

Насоки :

a) Смесете желатина, портокаловия сок и лимоновия сок заедно и оставете настрана за 5 минути.

b) Попарете млякото и разбийте жълтъците, захарта, солта и портокаловата кора.

c) Гответе в двоен котел, докато покрие гърба на лъжица (над гореща, не вряща вода).

d) След това добавете желатиновата смес. Готино.

e) се добавят силно разбитите белтъци.

f) Приберете в хладилник до стегнат.

60. Пиян пъпеш

Порции : 4 до 6 порции

Съставка

- Към ястието Селекция от 3 до 6 различни испански сирена
- 1 Бутилирайте портвайн
- 1 Пъпеш , отстранен връх и семена

Насоки :

a) Един до три дни преди вечерята изсипете порто в пъпеша.

b) Охладете в хладилника, покрито с пластмасова обвивка и със сменена горна част.

c) Извадете пъпеша от хладилника и отстранете обвивката и горната част, когато сте готови за сервиране.

d) Извадете портото от пъпеша и го поставете в купа.

e) Нарежете пъпеша на парчета, след като махнете кората. Поставете парчетата в четири отделни охладени съда.

f) Сервирайте на гарнитура със сирената.

61. Бадемово сорбе

Порции : 1 порция

Съставка

- 1 чаша Бланширани бадеми; препечени
- 2 чаши Изворна вода
- $\frac{3}{4}$ чаша захар
- 1 щипка канела
- 6 супени лъжици Лек царевичен сироп
- 2 супени лъжици Амарето
- 1 ч.л Лимонови кори

Насоки :

a) В кухненски робот смелете бадемите на прах. В голяма тенджера смесете водата, захарта, царевичния сироп, ликьора, кората и канелата, след което добавете смлените ядки.

b) На среден огън бъркайте непрекъснато, докато захарта се разтвори и сместа заври. 2 минути при кипене

c) Оставете настрана да се охлади С помощта на машина за сладолед разбийте сместа, докато стане полузамръзнала.

d) Ако нямате машина за сладолед, прехвърлете сместа в купа от неръждаема стомана и я замразете, докато се втвърди, като разбърквате на всеки 2 часа.

62. Испанска ябълкова торта

Порции : 8 порции

Съставка

- $\frac{1}{4}$ паунда Масло
- $\frac{1}{2}$ чаша захар
- 1 Яйчен жълтък
- $1\frac{1}{2}$ чаша Пресято брашно
- 1 тире Сол
- $\frac{1}{8}$ чаена лъжичка Бакпулвер
- 1 чаша Мляко
- $\frac{1}{2}$ Лимонова кора
- 3 Яйчни жълтъци
- $\frac{1}{4}$ чаша захар
- $\frac{1}{4}$ чаша брашно
- $1\frac{1}{2}$ супена лъжица Масло
- $\frac{1}{4}$ чаша захар
- 1 супена лъжица Лимонов сок
- $\frac{1}{2}$ чаена лъжичка канела

- 4 Ябълки, обелени и нарязани
- ябълка; кайсия, или друго желе по избор

Насоки :

a) Загрейте фурната до 350°F. Комбинирайте захарта и маслото в купа за смесване. Смесете заедно останалите съставки докато се образува топка.

b) Разточете тестото в тава с пружина или във форма за пай. Съхранявайте в хладилник до готовност за употреба.

c) Комбинирайте лимоновия сок, канелата и захарта в купа за смесване. Хвърлете с ябълките и хвърлете да се намаже. Това е нещо, което може да се направи преди време.

d) Добавете лимоновата кора към млякото. Оставете млякото да заври, след което намалете котлона на слаб огън за 10 минути. Междувременно, в тежък тиган, разбийте жълтъците и захарта.

e) Когато млякото е готово, бавно го изсипете в жълтъчната смес при непрекъснато бъркане на слаб огън. Бавно добавете брашното, докато разбивате на слаб огън.

f) Продължете да разбивате сместа, докато стане гладка и гъста. Свалете съда от котлона. Бавно разбъркайте маслото, докато се разтопи.

g) Напълнете кората с крема. За да направите единичен или двоен слой, поставете ябълките отгоре. Поставете тортата в загрята до 350°F фурна за около 1 час, след като е готова.

h) Извадете и оставете настрана да се охлади. Когато ябълките са достатъчно охладени, за да се справят, затоплете желето по ваш избор и го напръскайте отгоре.

i) Оставете желето настрана да се охлади. Сервирайте.

63. С карамелен крем

Порции : 1 порции

Съставка

- ½ чаша Гранулирана захар
- 1 ч.л вода
- 4 Жълтъци или 3 цели яйца
- 2 чаши Мляко, попарено
- ½ чаена лъжичка Екстракт от ванилия

Насоки :

a) В голям тиган смесете 6 супени лъжици захар и 1 чаша вода. Загрейте на слаб огън, като разклащате или разбърквате от време на време с дървена лъжица, за да не загори, докато захарта стане златиста.

b) Изсипете карамеления сироп в плитък съд за печене (8x8 инча) или чиния за пай възможно най-скоро. Оставете да се охлади, докато се втвърди.

c) Загрейте фурната до 325 градуса по Фаренхайт.

d) Или разбийте жълтъците, или целите яйца заедно. Смесете млякото, екстракта от ванилия и останалата захар, докато се смесят напълно.

e) Отгоре се изсипва охладеният карамел.

f) Поставете съда за печене в гореща водна баня. Печете 1-112 часа или докато центърът се стегне. Готино, готино, готино.

g) За да сервирате, обърнете внимателно върху чиния за сервиране.

64. Испански чийзкейк

Порции : 10 порции

Съставка

- 1 паунда Крема сирене
- 1½ чаша захар; Гранулиран
- 2 д яйца
- ½ чаена лъжичка канела; Земя
- 1 ч.л лимонова кора; Настърган
- ¼ чаша Неизбелено брашно
- ½ чаена лъжичка Сол
- 1 x Пудра захар
- 3 супени лъжици Масло

Насоки :

a) Загрейте фурната до 400 градуса по Фаренхайт. Разбийте заедно сиренето, 1 супена лъжица масло и захарта в голям съд за смесване. Не се чукайте.

b) Добавете яйцата едно по едно, като разбивате старателно след всяко добавяне.

c) Смесете канелата, лимоновата кора, брашното и солта. Намажете тавата с останалите 2 супени лъжици масло, като го разнесете равномерно с пръсти.

d) Изсипете тестото в подготвената тава и печете на 400 градуса за 12 минути, след това намалете до 350 градуса и печете още 25 до 30 минути. Ножът трябва да е без никакви остатъци.

e) Когато тортата се охлади до стайна температура, я поръсете със сладкарска захар.

65. Испански пържен крем

Порции : 8 порции

Съставка

- 1 Канелена пръчица
- Кората на 1 лимон
- 3 чаши Мляко
- 1 чаша захар
- 2 супени лъжици царевично нишесте
- 2 чаени лъжички канела
- брашно; за драгиране
- Измиване на яйца
- Зехтин; за пържене

Насоки :

a) Комбинирайте пръчката канела, лимоновата кора, 34 чаши захар и 212 чаши мляко в тенджера на среден огън.

b) Оставете да заври, след това намалете котлона и гответе 30 минути. Отстранете лимоновата кора и пръчката канела. Комбинирайте останалото мляко и царевичното нишесте в малък съд за смесване.

c) Разбийте старателно. На бавна, постоянна струя разбъркайте сместа от царевично нишесте в загрятото мляко. Оставете да заври, след това намалете котлона до слаб и гответе 8 минути, като разбърквате често. Свалете от огъня и изсипете в 8-инчов съд за печене, който е намазан с масло.

d) Оставете да се охлади напълно. Покрийте и охладете до пълно охлаждане. Направете 2-инчови триъгълници от крема.

e) Комбинирайте останалите 14 чаши захар и канелата в купа за смесване. Разбъркайте старателно. Потопете триъгълниците в брашно, докато се покрият напълно.

f) Потопете всеки триъгълник в измиването на яйцата и отцедете излишъка. Върнете кремовете в брашното и намажете напълно.

g) Загрейте олиото в голям тиган на среден огън. Триъгълниците се слагат в сгорещеното олио и се пържат за 3 минути, или докато покафенеят от двете страни.

h) Извадете пилето от тигана и го отцедете върху хартиени кърпи. Поръсете със сместа от канелена захар и подправете със сол и черен пипер.

i) Продължете с останалите триъгълници по същия начин.

66. Италиански пай с артишок

Порции : 8 порции

Съставка

- 3 яйца; Бит
- 1 Опаковка от 3 унции крема сирене с див лук; Омекотена
- ¾ чаена лъжичка Чесън на прах
- ¼ чаена лъжичка Пипер
- 1½ чаша сирене моцарела, частично обезмаслено мляко; Настърган
- 1 чаша Сирене рикота
- ½ чаша майонеза
- 1 Сърца от артишок от 14 унции; Източи
- ½ 15 Oz Can Garbanzo боб, консервиран; Изплакнат и отцеден
- 1 2 1/4 Oz кутия нарязани маслини; Източи
- 1 2 Oz Jar Pimientos; Нарязани на кубчета и отцедени
- 2 супени лъжици Магданоз; Нарязани
- 1 Кори за пай (9 инча); Неизпечен

- 2 малки Домат; Нарязани

Насоки :

a) Комбинирайте яйца, крема сирене, чесън на прах и черен пипер в голям съд за смесване. Комбинирайте 1 чаша сирене моцарела, сирене рикота и майонеза в купа за смесване.

b) Разбъркайте, докато всичко се смеси добре.

c) Разрежете 2 сърца от артишок наполовина и ги оставете настрана. Нарежете останалите сърца.

d) Разбъркайте сместа със сирене с нарязаните сърца, зърната гарбанцо, маслините, пимиентос и магданоз. Напълнете блатовете със сместа.

e) Печете 30 минути на 350 градуса. Отгоре се поръсват останалата моцарела и пармезан.

f) Печете още 15 минути или докато стегне.

g) Оставете да почине 10 минути.

h) Отгоре наредете резенчета домат и нарязани на четвъртинки сърца от артишок.

i) Сервирайте

67. Италиански печени праскови

Порции : 1 порции

Съставка

- 6 Зрели праскови
- ⅓ чаша захар
- 1 чаша Смлени бадеми
- 1 Яйчен жълтък
- ½ чаена лъжичка Екстракт от бадем
- 4 супени лъжици Масло
- ¼ чаша Релирани бадеми
- Тежка сметана , по желание

Насоки :

a) Загрейте фурната до 350 градуса по Фаренхайт. Прасковите трябва да се изплакнат, наполовина и да се почистят от костилките. В кухненски робот пюрирайте 2 от половинките праскови.

b) В съд за смесване смесете пюрето, захарта, смлените бадеми, яйчния жълтък и бадемовия екстракт. За да направите гладка паста, комбинирайте всички съставки в купа за смесване.

c) Изсипете плънката върху всяка половинка праскова и поставете напълнените половинки праскови в намазана с масло тава за печене.

d) Поръсете с филирани бадеми и намажете с останалото масло прасковите преди да ги печете за 45 минути.

e) Сервирайте горещ или студен, с гарнитура от сметана или сладолед.

68. Пикантен италиански сладкиш със сини сливи

Порции : 12 порции

Съставка

- 2 чаши Италиански без костилки и четвъртинки
- Сливи-сливи, варени до
- Мека и охладена
- 1 чаша Несолено масло, омекотено
- $1\frac{3}{4}$ чаша Гранулирана захар
- 4 яйца
- 3 чаши Пресято брашно
- $\frac{1}{4}$ чаша Несолено масло
- $\frac{1}{2}$ паунда Пудра захар
- $1\frac{1}{2}$ супена лъжица Неподсладено какао
- Щипка сол
- 1 ч.л канела
- $\frac{1}{2}$ чаена лъжичка Смлян карамфил
- $\frac{1}{2}$ чаена лъжичка Мляно индийско орехче

- 2 чаени лъжички Сода за хляб
- ½ чаша Мляко
- 1 чаша Орехи, ситно смлени
- 2 Към 3 с.л. силна, гореща
- кафе
- ¾ чаена лъжичка Ванилия

Упътвания:

a) Загрейте фурната до 350°F. Намажете с масло и брашно 10-инчов тиган Bundt.

b) В голяма купа за смесване смесете заедно маслото и захарта, докато станат светли и пухкави.

c) Чукнете едно по едно яйцата.

d) Комбинирайте брашното, подправките и содата в сито. На трети добавете брашнената смес към маслената смес, като редувате с млякото. Разбийте само за да комбинирате съставките .

e) Добавете сварените сини сливи и орехите и разбъркайте, за да се комбинират. Обърнете в подготвена тава и печете 1 час в загрята до 350°F фурна или докато кейкът започне да се свива от стените на тавата.

f) За да направите глазурата, смесете маслото и сладкарската захар. Постепенно добавете захарта и какаото на прах, като бъркате непрекъснато, докато се смесят напълно. Посолява се.

g) Разбъркайте малко количество кафе наведнъж.

h) Разбийте до светла и пухкава смес, след това добавете ванилия и украсете тортата.

69. Испански ядков бонбон

Порции : 1 порции

Съставка

- 1 чаша Мляко
- 3 чаши Светлокафява захар
- 1 супена лъжица масло
- 1 ч.л Екстракт от ванилия
- 1 паунда орехови меса; нарязани

Насоки :

a) Сварете млякото с кафявата захар, докато се карамелизира, след което добавете маслото и ваниловата есенция непосредствено преди сервиране.

b) Малко преди да свалите бонбона от огъня, добавете орехите.

c) В голяма купа смесете старателно ядките и изсипете сместа в подготвени форми за мъфини.

d) Нарежете веднага на квадрати с остър нож.

70. Меден пудинг _ _

Порции : 6 порции

Съставка

- $\frac{1}{4}$ чаша Несолено масло
- $1\frac{1}{2}$ чаша Мляко
- 2 големи яйца; леко начукан
- 6 филийки Бял селски хляб; разкъсана
- $\frac{1}{2}$ чаша Ясно; тънък мед, плюс
- 1 супена лъжица Ясно; тънък мед
- $\frac{1}{2}$ чаша Топла вода; плюс
- 1 супена лъжица Топла вода
- $\frac{1}{4}$ чаена лъжичка Мляна канела
- $\frac{1}{4}$ чаена лъжичка Ванилия

Насоки :

a) Загрейте фурната до 350 градуса и използвайте малко от маслото, за да намажете 9-инчов стъклен съд за пай. Разбийте заедно млякото и яйцата, след това добавете парчетата хляб и ги обърнете, за да се покрият равномерно.

b) Оставете хляба да кисне за 15-20 минути, като обърнете веднъж или два пъти. В голям незалепващ тиган загрейте останалото масло на среден огън.

c) Запържете накиснатия хляб в маслото до златисто, около 2-3 минути от всяка страна. Прехвърлете хляба в съда за печене.

d) В купа комбинирайте меда и горещата вода и разбъркайте, докато сместа се смеси равномерно.

e) Разбъркайте канелата и ванилията и напръскайте сместа върху и около хляба.

f) Печете около 30 минути, или до златисто кафяво.

71. Испанска лучена торта

Порции : 2 порции

Съставка

- $\frac{1}{2}$ чаена лъжичка Зехтин
- 1 литър Испански лук
- $\frac{1}{4}$ чаша вода
- $\frac{1}{4}$ чаша червено вино
- $\frac{1}{4}$ чаена лъжичка Сушен розмарин
- 250 грама Картофи
- 3/16 чаша Натурално кисело мляко
- $\frac{1}{2}$ супена лъжица Обикновено брашно
- $\frac{1}{2}$ Яйце
- $\frac{1}{4}$ чаша сирене пармезан
- $\frac{1}{8}$ чаша Нарязан италиански магданоз

Насоки :

a) Пригответе испанския лук като го нарежете на ситно и настържете картофите и пармезана.

b) В тиган с дебело дъно загрейте олиото. Гответе, като разбърквате от време на време, докато лукът омекне.

c) Оставете да къкри 20 минути или докато течността се изпари и лукът придобие тъмно-червеникавокафяв цвят.

d) Смесете розмарина, картофите, брашното, киселото мляко, яйцето и пармезана заедно в купа за смесване. Хвърлете лука.

e) В добре намазнена 25 см подходяща за фурна форма разпределете равномерно съставките . Загрейте фурната на 200°C и печете 35-40 минути, или до златисто кафяво.

f) Украсете с магданоз, преди да нарежете на филийки и да сервирате.

72. Испанско суфле на тиган

Порции : 1

Съставка

- 1 Кутия Испански бърз кафяв ориз
- 4 яйца
- 4 унции Нарязани зелени люти чушки
- 1 чаша вода
- 1 чаша Настъргано сирене

Насоки :

a) Следвайте указанията на опаковката за готвене на съдържанието на кутията.

b) Когато оризът е готов, разбийте останалите съставки, с изключение на сиренето.

c) Отгоре поръсете с настъргано сирене и печете на 325°F за 30-35 минути.

73. Семифредо със замразен мед

Обслужва: 8 порции

съставки

- 8 унции тежка сметана
- 1 чаена лъжичка ванилов екстракт
- 1/4 чаена лъжичка розова вода
- 4 големи яйца
- 4 1/2 унции мед
- 1/4 чаена лъжичка плюс 1/8 чаена лъжичка кошер сол
- Топинги като нарязани плодове, препечени ядки, какаови зърна или настърган шоколад

Упътвания

a) Загрейте фурната до 350°F. Постелете тава за хляб с размери 9 на 5 инча с пластмасова обвивка или хартия за печене.

b) За Semifreddo, в купата на миксер, снабден с приставка за разбиване, разбийте сметаната, ванилията и розовата вода до твърда смес.

c) Прехвърлете в отделна купа или чиния, покрийте и охладете до готовност за употреба.

d) В купата на миксер разбийте заедно яйцата, меда и солта. За да смесите, използвайте гъвкава шпатула, за да разбъркате всичко заедно. Регулирайте топлината, за да поддържате бавно кипене над подготвената водна баня, като се уверите, че купата не докосва водата.

e) В съд от неръждаема стомана гответе, като въртите и изстъргвате редовно с гъвкава шпатула, докато се затопли до 165°F, около 10 минути.

f) Прехвърлете сместа в стоящ миксер, снабден с приставка за разбиване, след като достигне 165°F. Разбийте яйцата на висока степен, докато станат на пяна.

g) Внимателно разбийте на ръка половината от готовата сметана. Добавете останалите съставки , разбъркайте бързо, след това разбъркайте с гъвкава шпатула, докато се смесят добре.

h) Изстържете в подготвена форма за хляб, покрийте плътно и замразете за 8 часа или докато стане достатъчно твърдо за нарязване, или докато вътрешната температура достигне 0°F.

i) Обърнете семифредото върху охладен съд за сервиране.

74. Забальоне

Порции: 4

съставки

- 4 жълтъка
- 1/4 чаша захар
- 1/2 чаша Марсала сухо или друго сухо бяло вино
- няколко стръка прясна мента

Насоки :

a) В топлоустойчив леген разбийте жълтъците и захарта до бледо жълто и лъскаво. След това трябва да се разбие марсалата.

b) Оставете средно голяма тенджера, пълна наполовина с вода, да заври слабо. Започнете да разбивате сместа от яйца/вино в топлоустойчивата купа отгоре на тенджерата.

c) Продължете да разбивате 10 минути с електрически бъркалки (или бъркалка) над гореща вода.

d) Използвайте термометър с незабавно отчитане, за да сте сигурни, че сместа достига 160°F по време на периода на готвене.

e) Свалете от котлона и налейте забаглионе върху подготвените плодове, като гарнирате с пресни листа от мента.

f) Zabaglione е еднакво вкусно, сервирано върху сладолед или самостоятелно.

75. Афогато

Порции: 1

съставки

- 1 лъжица ванилов сладолед
- 1 чаша еспресо
- Стрийка шоколадов сос, по желание

Насоки :

a) В чаша сложете топка ванилов сладолед и 1 чаша еспресо.

b) S serve!

СРЕДИЗЕМНОМОРСКИ НАПИТКИ

76. Ром и джинджифил

Порции: 1 човек

съставки :

- 50 мл ром Bacardi
- 100 мл джинджифилова бира
- 2 резена лайм
- 2 тирета Angostura bitter
- 1 стръкче мента

Насоки :

a) Добавете лед към чаша.

b) Добавете сок от лайм, ром, джинджифилова бира и битер .

c) Внимателно разбъркайте съставките .

d) Гарнирайте с резен лайм и листа мента.

e) Сервирайте.

77. Италианска крем сода

Дози: 1 порция

Съставка

- 1 унция студено мляко
- 1 унция до 1 1/2 унция праскова или друг вкус на сироп
- Лед
- 9 унции газирана вода
- Пресни плодове или половина и половина за гарнитура

Насоки :

a) В чаша от 12 унции смесете млякото и сиропа и разбъркайте старателно.

b) Напълнете чашата до половината с лед, след което я долейте с газирана вода. Разбъркайте още веднъж.

c) Сервирайте с пресни плодове или чаена лъжичка половин-половин като гарнитура.

78. Испанска сангрия

Порции: 6 до 8 порции

съставки

- 1 портокал, нарязан
- 2 лимона, нарязани
- 1/2 чаша захар
- 2 бутилки червено вино
- 2 унции трипъл сек
- 1/2 чаша бренди
- 2 (12-унции) кутии сода лимон-лайм

Насоки :

a) В голяма купа за пунш нарежете портокала и лимоните на филийки с дебелина 1/8 инча.

b) Добавете 1/2 чаша захар (или по-малко, ако желаете) и оставете плодовете да се накиснат в захар за около 10 минути, достатъчно дълго, за да изтекат естествените сокове на плодовете.

c) Добавете виното и разбъркайте добре, за да се разтвори захарта.

d) Разбъркайте трипъл сек и бренди.

e) Добавете 2 кутии сода и разбъркайте

f) Добавете още захар или сода, ако желаете. Проверете дали захарта се е разтворила напълно.

g) За да охладите напълно купата за пунш, добавете голямо количество лед.

h) Ако сервирате сангрия в стомни, напълнете ги до половината с лед и след това изсипете сангрията върху тях.

79. Тинто де Верано

Сервиране: 1 порция

съставки

- 3 до 4 кубчета лед
- 1/2 чаша червено вино
- 1/2 чаша сода лимон-лайм
- Резен лимон, за украса

Насоки :

a) Във висока чаша поставете кубчета лед.

b) Добавете червеното вино и содата.

c) Сервирайте с резен лимон като гарнитура.

80. Сангрия с бяло вино

Порции: 8 порции

съставки

- 3 средни портокала или 1 чаша портокалов сок
- 1 лимон, нарязан на резени
- 1 лайм, нарязан на резени
- 1 бутилка бяло вино, охладено
- 2 унции бренди, по избор
- 2/3 чаша бяла захар
- 2 чаши клуб сода или джинджифилова бира

Насоки :

a) В кана изстискайте сока от цитрусовите резенчета.

b) Отстранете семената и хвърлете клиновете, ако е възможно. Напълнете каната с портокалов сок, ако го използвате вместо него.

c) Плодовете в каната се заливат с бялото вино.

d) Добавете брендито и захарта, ако използвате. За да сте сигурни, че цялата захар е разтворена, разбъркайте енергично.

e) Съхранявайте го в хладилник, ако не сервирате веднага.

f) За да запазите сангрията пенлива, добавете джинджифиловата бира или клубната сода непосредствено преди сервиране.

81. Хорчата

Порции: 4 порции

съставки

- 1 чаша дългозърнест бял ориз
- 1 пръчка канела, начупена
- 1 чаена лъжичка кора от лайм
- 5 чаши питейна вода (разделени)
- 1/2 чаша кристална захар

Насоки :

a) Смелете ориза в блендер, докато достигне консистенция на брашно.

b) Хвърлете го с пръчката канела и кората от лайм и го оставете да престои в херметически затворен съд на стайна температура за една нощ.

c) Върнете оризовата смес в блендера и обработвайте, докато парченцата канела се разбият напълно.

d) Разбъркайте 2 чаши вода в сместа.

e) Накиснете го в хладилника за няколко часа.

f) Прецедете течността през фино сито или няколко слоя тензух в кана или купа, като изстисквате често, за да отстраните възможно най-много млечна оризова вода.

g) Разбъркайте 3 чаши вода и захарта, докато захарта се разтвори напълно.

h) Охладете орчатата преди сервиране.

82. Licor 43 Cuba Libre

Сервиране: 1 порция

съставки

- 1 унция Licor 43
- 1/2 унция ром
- 8 унции кола
- 1/2 унция лимонов сок
- Резен лимон, за украса

Насоки :

a) Поставете кубчета лед в чаша от 12 унции.

b) Поставете Licor 43 и ром в чашата; залейте с кола.

c) Изстискайте лимоновия сок в чашата; Разбъркайте, за да се комбинират; и сервирайте с резен лимон като гарнитура.

d) Наслади се!

83. Плодове Agua Fresca

съставки

- 4 чаши питейна вода
- 2 чаши пресни плодове
- 1/4 чаша захар
- 2 супени лъжици прясно изцеден сок от лайм
- резенчета лайм за гарнитура
- Лед

Насоки :

a) Смесете водата, захарта и плодовете в блендер.

b) Пюрирайте до пълно гладкост. Напълнете кана или съд за сервиране наполовина със сместа.

c) Добавете сока от лайм и разбъркайте, за да се комбинират. Ако е необходимо, добавете още захар след овкусяване.

d) Сервирайте с резенче лимон или лайм като гарнитура.

e) По желание сервирайте върху лед.

84. Кайпириня

Сервиране: 1 порция

съставки

- 1/2 лайм
- 1 1/2 чаени лъжички супер фина захар
- 2 унции кашаса/ликьор от захарна тръстика
- Колело от лайм, за гарнитура

Насоки :

a) Нарежете половин лайм на малки клинове с помощта на нож.

b) Смесете лайма и захарта в олдфешън чаша.

c) Добавете кашаса към напитката и разбъркайте добре.

d) Добавете малки кубчета лед или натрошен лед към чашата, разбъркайте отново, след което украсете с колелце лайм.

85. Карахийо

съставки

- $\frac{1}{2}$ чаша сварено еспресо или еспресо без кофеин
- 1 $\frac{1}{2}$ до 2 унции Licor 43
- 8 кубчета лед

Насоки :

a) Изсипете 12 до 2 унции Licor 43 върху лед в Old Fashioned чаша.

b) Бавно налейте прясно сварено еспресо отгоре.

c) Изсипете еспресото върху гърба на лъжица, за да създадете ефект на нива, след което сервирайте.

86. Лимонов ликьор

съставки

- 10 органични лимона за предпочитане
- 4 чаши водка с високо качество като Grey Goose
- 3 ½ чаши вода
- 2 ½ чаши гранулирана захар

Насоки :

a) Измийте лимоните с четка за зеленчуци и гореща вода, за да отстраните всички остатъци от пестициди или восък. Подсушете лимоните.

b) Отстранете кората от лимоните на дълги ленти с белачка за зеленчуци, като използвате само жълтата външна част на кората. Сърцевината, която е бялата част под кората, е изключително горчива. Запазете лимоните, за да ги използвате в друго ястие.

c) В голям буркан или кана налейте водката.

d) Изсипете лимоновите кори в големия буркан или стомна и покрийте с капак или найлоново фолио.

e) Накиснете лимоновите кори във водка на стайна температура за 10 дни.

f) След 10 дни сложете водата и захарта в голяма тенджера на среден огън и ги оставете да заври бавно, около 5-7 минути. Оставете да се охлади напълно.

g) Отстранете сиропа от котлона и го оставете настрана да се охлади, преди да го комбинирате със сместа Limoncello от лимонови кори и водка. Напълнете сместа лимон/водка наполовина със захарен сироп.

h) С помощта на мрежеста цедка, филтър за кафе или тензух прецедете лимончелото.

i) Изхвърлете корите. С помощта на малка фуния прехвърлете в бутилки с декоративни скоби.

j) Охладете бутилките, докато се охладят напълно.

87. Сгропино

съставки

- 4 унции водка
- 8 унции просеко
- 1 партида лимоново сорбе
- Гарнитури по избор
- лимонови кори
- резенчета лимон
- лимонов туист
- пресни листа от мента
- свежи листенца босилек

Насоки :

a) В блендер смесете първите три съставки.

b) Обработвайте, докато стане гладка и смесена.

c) Сервирайте в чаши за шампанско или винени чаши.

88. Аперол Шприц

съставки

- 3 унции просеко
- 2 унции Aperol
- 1 унция клубна сода
- Гарнитура: резен портокал

Насоки :

a) В чаша за вино, пълна с лед, разбийте заедно просекото, Aperol и содата.

b) Добавете резен портокал като гарнитура.

89. Blackberry италианска сода

съставки

- 1/3 чаша сироп от къпини
- 2/3 чаша сода

Упътвания

a) В чаша от 10 унции изсипете сиропа.

b) Добавете содата и разбъркайте добре.

90. Италианско кафе гранита

съставки

- 4 чаши вода
- 1 чаша смляно еспресо-печено кафе
- 1 чаша захар

Насоки :

a) Оставете водата да заври, след което добавете кафето. Пресипете кафето през цедка. Добавете захарта и разбъркайте добре. Оставете сместа да се охлади до стайна температура.

b) Френски запържете **съставките** в тиган 9x13x2 за 20 минути. С помощта на плоска шпатула изгребете сместа (аз лично обичам да използвам вилица).

c) Остъргвайте на всеки 10-15 минути, докато сместа стане гъста и песъчинлива. Ако се образуват дебели парчета, пюрирайте ги в кухненски робот, преди да ги върнете във фризера.

d) Сервирайте с малка купичка студена сметана в красив, охладен десерт или мартини.

91. Италианска лимонада с босилек

Порции: 6

съставки

- 3 лимона
- ⅓ чаша захар
- 2 чаши вода
- 1 чаша лимонов сок
- $\frac{1}{4}$ чаша пресни листа от босилек

Да служа:

- 2 чаши вода или охладена газирана вода
- Натрошен лед
- Гарнирайте с резенчета лимон и стръкчета босилек

Насоки :

a) Комбинирайте захар, вода и 1 чаша лимонов сок в тенджера на среден огън.

b) Разбъркайте и гответе, докато сместа заври и захарта се разтвори. Отстранете тигана от котлона и разбъркайте листата босилек и ивиците лимонова кора.

c) Оставете босилека да се накисне във водата за 5-10 минути.

d) Отстранете парченцата босилек и кората от сиропа с лимонов босилек, като го прецедите. Охладете до пълно охлаждане в буркан или друг покрит съд.

e) Когато сте готови да сервирате лимонадата, смесете концентрата от лимонада, вода или сода, натрошен лед и стръкчета босилек в кана.

f) Изсипете в отделни чаши.

g) Отгоре поставете листенца пресен босилек и резенчета лимон за гарнитура.

92. Джинджърмор

съставки

- 1 унция сок от лайм
- 2 малки резена пресен джинджифил
- 4 къпини
- Sanpellegrino Limonata

Насоки :

a) Разбъркайте къпините и пресния джинджифил на дъното на здрава, висока чаша (вместимост 14 унции).

b) Поставете кубчета лед в чашата и налейте Sanpellegrino Limonata.

c) С помощта на лъжица смесете внимателно съставките.

d) Добавете лимонова кора, къпини и прясна мента за украса.

93. Хюго

ПОРЦИИ 1

съставки

- 15 cl Просеко, охладено
- 2 cl сироп от бъз или сироп от маточина
- няколко листа от мента
- 1 прясно изцеден лимонов сок или сок от лайм
- 3 кубчета лед
- газирана минерална вода или газирана вода
- резен лимон или лайм за украса на чашата или като гарнитура

Насоки :

a) Поставете кубчетата лед, сиропа и листата мента в чаша за червено вино. Препоръчвам листенцата мента да се потупват леко, тъй като това ще активира аромата на билката.

b) Налейте в чашата прясно изцеден сок от лимон или лайм. Поставете резен лимон или лайм в чашата и добавете охладено просеко.

c) След няколко минути добавете капка газирана минерална вода.

94. Испанско фрапе от пресни плодове

Порции : 6 порции

съставки :

- 1 чаша Диня , нарязана на кубчета
- 1 чаша Пъпеш , нарязан на кубчета
- 1 чаша Ананас , нарязан на кубчета
- 1 чаша Манго , нарязано
- 1 чаша Ягодите , разполовени
- 1 чаша портокалов сок
- $\frac{1}{4}$ чаша захар

Насоки :

a) Комбинирайте всички **съставки** в купа за смесване. Напълнете блендера до половината със съдържанието и го допълнете с натрошен лед.

b) Покрийте и смесете на висока скорост, докато получите постоянна консистенция. Повторете с останалата част от сместа.

c) Сервирайте веднага, с пресни плодове отстрани, ако желаете.

95. испански стил

Порции : 6 порции

Съставка

- $\frac{1}{2}$ паунда Сладък пекарски шоколад
- 1 литър Мляко; (или 1/2 мляко половин вода)
- 2 чаени лъжички царевично нишесте

Насоки :

a) Начупете шоколада на малки парчета и го смесете с млякото в тенджера.

b) Загрейте бавно, като бъркате непрекъснато с бъркалка, докато сместа достигне малко под точката на кипене.

c) Използвайки няколко чаени лъжички вода, разтворете царевичното нишесте.

d) Разбъркайте разтвореното царевично нишесте в шоколадовата смес, докато течността се сгъсти.

e) Сервирайте веднага в топли чаши.

96. Зелено Чиното

съставки :

- 1 oz/3 cl сироп от градински чай и мента
- $\frac{3}{4}$ oz/2,5 cl сок от лайм
- Допълнете със Sanpellegrino Chinotto

Насоки :

a) Изсипете целия сироп и сок в голяма, здрава чаша.

b) С помощта на бар лъжица внимателно разбъркайте всичко.

c) Добавете лед към чашата и допълнете със Sanpellegrino Chinotto.

d) Сервирайте с парче лайм и прясна мента като гарнитура.

97. Роза Сприц _ _

Порции : 1 напитка

съставки

- 2 унции розово аперитиво или розов ликьор
- 6 унции просеко или пенливо вино
- 2 унции сода
- Парче грейпфрут за украса

Насоки :

a) В шейкър за коктейли смесете 1 част розе аперитиво, 3 части просеко и 1 част сода.

b) Разклатете енергично и прецедете в коктейлна чаша.

c) Добавете натрошен лед или кубчета лед.

d) Добавете парче грейпфрут като гарнитура. Изпийте възможно най-скоро.

98. Ho ney bee cortado

съставки :

- 2 чаши еспресо
- 60 мл парено мляко
- 0,7 ml ванилов сироп
- 0,7 ml меден сироп

Насоки :

a) Направете двойно еспресо.

b) Оставете млякото да заври.

c) Разбъркайте кафето със сиропите от ванилия и мед и разбъркайте добре.

d) Разпенете тънък слой върху сместа кафе/сироп, като добавите равни части мляко.

99. Цитрусови битери

Порции: 2

съставки :

- 4 портокала за предпочитане органични
- 3 супени лъжици звездовиден анасон
- 1 супена лъжица карамфил
- 1 супена лъжица шушулки зелен кардамон
- 1 супена лъжица корен от тинтява
- 2 чаши водка или друг силен алкохол

Насоки :

a) В стъклен буркан добавете изсушените портокалови кори/кори, другите подправки и корена от тинтява. За да откриете семената в шушулките кардамон, ги смачкайте.

b) Използвайки силен алкохол по ваш избор, покрийте напълно портокаловите кори и подправките.

c) Разклатете сместа с алкохола през следващите няколко дни. Оставете много дни до седмици портокаловите кори и подправките да проникнат в алкохола.

d) От вече ароматната алкохолна тинктура прецедете корите и подправките.

100. Писко кисело

Порции 1

съставки

- 2 унции писко
- 1 унция обикновен сироп
- $\frac{3}{4}$ унция сок от лайм
- 1 яйчен белтък
- 2-3 тирета Angostura bitter

Упътвания

a) Смесете пиското, сока от лайм, обикновения сироп и яйчния белтък в шейкър за коктейли.

b) Добавете лед и разклатете агресивно.

c) Прецедете в ретро чаша.

d) Покрийте пяната с няколко щипки горчивка Angostura.

ЗАКЛЮЧЕНИЕ

Докато затваряме страниците на „Средиземноморско кулинарно пътешествие", се надяваме, че сте усетили топлината на средиземноморското слънце и прегръдката на неговото богато кулинарно наследство. Чрез всяка рецепта сте се свързали с минали и настоящи поколения, откривайки изкуството да трансформирате прости съставки в необикновени ястия, които подхранват както тялото, така и душата.

Нека ароматите на Средиземно море продължат да вдъхновяват вашите кухненски приключения. Независимо дали пресъздавате скъп спомен или се впускате в ново кулинарно изследване, нека духът на Средиземноморието вдъхне всяка хапка с радост, благодарност и чувство за връзка със света около нас.

Благодарим ви, че се впуснахте в това пътуване с нас. Докато продължавате да се наслаждавате на слънцето чрез готвене, нека масата ви бъде място за празнуване, връзка и най-чистото удоволствие от изисканите вкусове на живота.

Milton Keynes UK
Ingram Content Group UK Ltd.
UKHW021529101023
430299UK00014B/742

9 781835 640814